하나님만 바라라

"하나님께 답이 있다!"

문제 때문에 좌절하거나 낙심하지 말라. 힘과 위로와 용기를 주시는 하나님의 손길에 맡기라. 그분이 당신을 위해 모든 것을 하실 것이다. 하나님이 당신을 만나 주시고 축복해 주실 것을 기대하며 하나님만 바라라!

앤드류 머리 지음 | 이종태 옮김

생명의말씀사

WAITING ON GOD
by Andrew Murray

This Korean edition © 1976, 2002, 2008 by Word of Life Press, Seoul, Korea.
All rights reserved.
Printed in Korea.

하나님만 바라라
ⓒ 생명의말씀사 1976, 2008

1976년 3월 15일 1판 1쇄 발행
1993년 12월 20일　　　 10쇄 발행
2002년 6월 15일 2판 1쇄 발행
2004년 3월 25일　　　 3쇄 발행
2008년 7월 15일 3판 1쇄 발행
2008년 10월 10일　　　 3쇄 발행

펴 낸 이　김창영
펴 낸 곳　생명의말씀사
등　　록　1962. 1. 10.　No.300-1962-1
주　　소　110-101 서울 종로구 송월동 32-43
전　　화　(02)738-6555(본사), (02)3159-7979(영업부)
팩　　스　(02)739-3824(본사), 080-022-8585(영업부)

기 획 편 집　전보아
편집디자인　염혜란, 정혜미
표지디자인　디자인 미담
제　　작　신기원, 오인선, 홍경민
마 케 팅　이지은, 박혜은, 선승희
영　　업　박재동, 김창덕, 김규태, 이성빈, 김덕현, 황성수
인　　쇄　영진문원
제　　본　정문바인텍

ISBN 978-89-04-15765-5
ISBN 978-89-04-00138-5(세트)

저작권자의 허락 없이 이 책의 일부 또는 전체를
무단 복제, 전재, 발췌하면 저작권법에 의해 처벌을 받습니다.

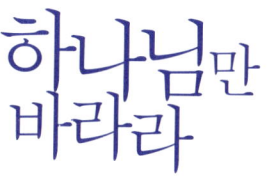

하나님만 바라라

하 늘 의 참 능 력 을 덧 입 는 비 결

잠잠히 하나님만 바라라

"나의 영혼아 잠잠히 하나님만 바라라" 시 62:5.

"주 외에는 자기를 앙망하는 자를 위하여
이런 일을 행한 신을 예로부터 들은 자도 없고
귀로 깨달은 자도 없고 눈으로 본 자도 없었나이다" 사 64:4.

나의 영혼아, 잠잠히 하나님만 바라라.
너의 하나님이 그의 완전한 뜻을 펴시게 하라.
1년 365일 그를 따르라.
마음의 귀를 열고 그의 음성을 들으라.
하나님의 손에 붙잡힌 도구 되어
성령의 향기로운 봉사를 기꺼이 하라.
그리고 잠잠하라.
오직 이렇게 함으로 그의 마음의 바람을 이루시리니
그릇을 그 뜻대로 빚으시는 손길을 방해하지 말라.
하나님 앞에서 잠잠하라.

그러면 알게 되리라.

그를 바라는 자에게 내려 주시는

고요하고 성스러운 평온함을.

칠흑 같은 밤에도

그의 임재와 생명, 그리고 그의 빛을 지니게 되리라.

너의 삶이 그의 사랑을 드러내고

그의 영광을 찬양하게 되리라.

그는 족쇄 풀린 자유로운 손길로

그의 높고 거룩한 목적을 너를 통해 이루시리라.

그 강한 사랑의 불로 너의 찌꺼기를 소멸시키려면

먼저 그 능력의 손이 너에게 임하여야 하리라.
너는 주님의 그릇이 되라.
연약하고 텅 비어 볼품 없지만
그의 사랑과 생명을 부으셨으니
이제부터는 하나님의 능력이
너를 통해 움직일 것이라.
너를 위해서 역사하시리라.
가만히 서서 보라.
너를 위한 하나님의 승리를.
그러니 잠잠하고 움직이지 말라.
너의 하나님이 불가능을 가능케 하시리라.

오, 이제부터는 네가 무엇을 할 수 있는지 묻지 말라.

넌 아무것도 할 수 없으니.

인간의 힘으로 안 되고 모든 노력이 헛될 때

바로 그때 그가 일하시리라.

그러니 내 영혼아, 잠잠히 기다리라.

너의 하나님이 그의 완전한 뜻을 널 위해 이루시리니,

네가 가만히 기다리면

그의 최선이 네 몫이 되리라.

이제부터 영원까지.

_프리더 핸버리

| 편집자 서문 |
하늘 세계의 능력을 갖게 하소서

"내 평생 단 한순간이라도 하나님의 임재의 빛과 사랑, 기쁨에서 벗어나지 않게 하소서……단 한순간이라도 나 자신을 그릇으로 온전히 드려, 주께서 그분의 성령과 사랑을 가득 채우시도록 하는 일에서 벗어나지 않게 하소서."

젊은 시절, 앤드류 머리는 목사가 되기 원했다. 그것은 주님을 섬기기 위한 헌신에서 비롯된 선택이었다. 일반 학교를 마치고 신학을 시작할 때 비로소 회심을 체험한 그는, 부모에게 보내는 편지에 이렇게 썼다. "당신의 아들은 거듭났습니다……나는 그리스도께 나 자신을 드립니다."

'자신을 드리는 일'은 그가 평생 붙들고 산 주제였다. 그는 남아프리카의 화란개혁교회에서 60년 동안 사역하면서 기독교 영성과 사역, 사회 봉사, 교육 기관을 위한 모금 등에 대해 200여 권의 책을 썼다. 이 모든 것들은 그가 끊임없이 자신을 그리스도께 드리면서 체험한 내적 은혜를 겉으로 드러낸 것이었다.

21세에 머리는 남아프리카 오지의 광활한 오렌지리버 독립구의 유일한 목회자로 임명되었다. 그곳에서 그는 11년간 목회를 하였다. 끊임없이 교구들을 방문하고 미전도 지역 선교에 힘쓰던 그는 결국 과로로 건강에 문제가 생겨 영국으로 귀환하여 쉼을 가져야만 했다. 하지만 얼마 지나지 않아서 다시 남아프리카로 돌아와 우스터에서 사역을 시작했고, 거기서 새로 문을 연 스텔렌보쉬 신학교에 몸담게 되었다.

그가 우스터에서 사역을 시작하던 때는 미국과 아일랜드에서 중요한 부흥이 일어났던 시기였다. 이때부터 그는 수많은 경건 서적들을 집필하기 시작했는데 『그리스도를 위해 자녀를 기르자』, 『왜 못 믿는가?』가 바로 그 책들이다. 또한 기독교 교육과 선교에 대한 그의 열정은 '위그노 신학교', '웰링턴 선교대학', '성경기도연합회', '기독학생회' 등 일련의 교육 기관 및 종교 단체 설립으로 나타났다.

곧이어 케이프타운에서 설교를 담당하는 중요한 직분을 맡게 되었고, 7년 후에는 웰링턴의 한 교회에서 목사직을 사임하는 날까지 목회를 하였다. 여기서 연마한 설교 기술로 그는 부흥을 선도할 수 있었다. 그러면서 설교와 저술을 통해 서서히 세계적인 인물로 부각되기 시작했다. 『그리스도와 같이』, 『그리스도의 기도 학교에서』, 『너희도 거룩하라』는 그가 웰링턴에서 사역하는 동안 쓴 책들이다.

머리는 성경을 해석하는 글을 써서 그리스도인들이 마음껏 하나님의 은혜를 믿고 체험할 수 있게 했다. 그는 사람들이 하나님의 생명에 참여하는 풍요롭고 생산적이며 의미 있는 삶을 살기 위해 필요한 모든 것을 하나님이 예비해 주셨다고 믿었다. 그리고 그것을 막는 장애물로 '하나님에 대한 반 마음의 헌신', '성령의 기름 부음에 대한 확신 부족', '기도의 능력에 대한 뿌리 깊은 회의' 등을 꼽았다.

특히 그의 저서 중에서도 가장 사랑받는 책에 속하는 『그리스도의 기도 학교에서』는 기도에 관한 신약의 가르침들을 31개의 과로 일목요연하게 조명함으로써, 독자가 비효율적인 기도에서 벗어나 하나님의 부르심을 더 깊이 있게 이해하도록 도와준다. 그의 저서들은 그가 경건과 기도 생활 가운데 직접 깨닫고 체험한 것을 담고 있기에 더욱 놀라운 깊이가 있으며, 동시에 우리의 신앙 생활과 직결되어 있어 그 영향력 또한 매우 강력하게 나타난다.

이처럼 무엇보다도 경건 생활과 기도의 중요성을 강조한 그는 교회가 다음과 같은 사실을 깨닫지 못하고 있음을 안타까워했다. "하나님은 성도들의 기도로 세상을 다스리시며, 그 기도는 사탄을 정복하는 능력이며, 기도를 통해 지상의 교회는 하늘 세계의 능력을 가지게 된다." 그리고 그는 성령 충만을 기대할 때에 하나님 안에 있는 풍성한 삶을 누릴 수 있음을 역설하면서 다음과 같은 글을 남겼다.

나는 충만함을 받아야 한다. 그것은 절대적으로 필요하다.
나는 충만함을 받을 수 있다. 하나님이 그것을 가능케 하셨다.
나는 충만함을 받을 것이다. 그것은 아주 바람직하다.
나는 충만함을 받게 될 것이다. 그것은 놀랍게도 분명하다.

일평생 남아프리카의 부흥을 위해 헌신했던 '그리스도의 기도 학교의 모범생' 앤드류 머리는 남아프리카의 가장 사랑받는 설교자로, 세계적 명성을 지닌 저술가로 역사 속에, 우리 가슴속에 남아 있다. 전 세계의 수많은 독자들을 전율하게 했던 그의 주옥같은 글을 통해, 오늘 이 책을 집어든 독자들도 하나님의 풍성함을 체험하고 새로운 영적 도약의 희열을 맛보게 되길 바란다.

| 저자 서문 |

영국으로 떠나기 전부터 나는, 사적이든 공적이든 신앙 생활에 있어서 우리가 얼마나 하나님을 필요로 하는지에 대해 절감하고 있었다. 모든 성도들이 예배드릴 때 하나님을 바라도록 훈련시키고, 그분의 임재를 더 깊이 체험하게 하고, 그분과 더 긴밀히 교제하게 하고, 그분을 온전히 의지하도록 해야 할 필요성을 느낀 것이다. 그것을 목회의 궁극적인 목적으로 삼아야겠다고 생각했다.

엑서터 홀에서 있었던 환영 조찬회에서 나는 이 생각을 간단히 피력한 바 있다. 이미 다른 곳에서도 얘기했는데, 놀라웠던 사실은 이에 대해 많은 사람들이 호응을 했다는 것이다. 하나님의 영이 수많은 사람들의 마음에 동일한 바람을 불러일으키고 계심을 볼 수 있었다.

지난해에 얻은 여러 가지 공적 사적인 경험들도 이러한 확신을 더욱 굳혀 주었다. 마치 내가 하나님과 우리의 관계에 대한 깊은 진리를 이제 막 깨닫기 시작한 것에 불과하다는 느낌이 들었다. 그리고 하나님을 바라는 것이 우리의 중심이 되어야 하는데, 우리의 삶에서나 일에서나 얼마나 이런 정신을 갖지 못했는지 새삼 깨닫게 되었다.

　이 책에 실린 글들은 나의 확신의 결과이다. 또한 하나님의 백성으로 하여금 모든 필요를 해결해 주는 한 가지 위대한 해결책에 주목하도록 인도하고픈 나의 소망의 결과물이기도 하다. 절반 이상을 배 위에서 쓴 탓에 다소 조잡하고 성급한 흔적이 있지 않을까 염려된다. 그 내용들을 전체적으로 정리해 보려 했지만 현재로서는 그럴 수 없기에, 하는 수 없이 약한 자를 들어 쓰시기를 좋아하시는 그분이 이 글에 축복해 주시기를 기도하며 출판에 부친다.

　우리가 배워야 할 가장 중요한 것들을 몇 마디 말로 표현하는 것이 가능할지 모르겠지만, 이 책을 통해 강조하고자 했던 것은 바로 이것이다. 우리의 가장 큰 결점은 '하나님을 모르고 있다'는 사실이다. 자신의 무기력함과 실패에 대해 불평하는 자들에게 줄 대답은, 그리고 거룩함을 찾는 교회나 모임에 전해 줄 메시지는 간단하다. 바로 "하나님이 계시는데 무엇이 문제인가?" 하는 것이다.

우리가 진정으로 하나님을 믿는다면 그분은 만사를 형통하게 하실 것이다. 하나님은 성령을 통해 일하기 원하시며, 또 능히 그렇게 하실 수 있다. 우리에게 선한 것이 하나라도 있을 것이라고, 인간이 어떠한 도움을 줄 것이라고 기대하지 말라. 그저 무조건 우리 안에서 역사하시는 하나님께 맡기라. 그분이 우리를 위해 모든 것을 하실 것이다.

이것은 얼마나 쉬워 보이는가! 그러나 이것이 바로 우리가 거의 모르고 있는 복음이다. 이 부족한 묵상의 글을 내놓게 되어 심히 부끄럽지만 독자들과 하나님의 사랑을 믿고 내보낸다.

하나님이 이 부족한 책을 사용하셔서 우리 모두를 그분께 보다 가까이 이끄시기를 소망한다. 그리고 이 책이 오직 하나님만 바라는 그 축복을 실천하고 경험하도록 돕는 도구가 되기를 간절히 기도한다. 우리의 생각이나 상상이나 노력으로 사는 삶이 아니라, 전적으로 하나님만 바라며 성령의 능력에 붙잡혀 사는 삶의 의미를 올바로 파악할 수 있다면 그것으로 족하겠다.

지금까지 알고 지내 온 하나님의 모든 성도들과 아직 만나지 못한 성도들 모두에게 여러분의 형제이자 종으로서 그리스도의 사랑 가운데 안부를 전한다.

_앤드류 머리

목차 Waiting On God

- 편집자 서문   8
- 저자 서문   12

1	구원의 하나님을 바라라 시 62:1	23
2	삶의 기본 원리, 하나님을 바라라 창 49:18	27
3	피조물의 제자리, 하나님을 바라라 시 104:27-28	31
4	채워 주시는 하나님을 바라라 시 145:14-15	35
5	길을 가르치시는 하나님을 바라라 시 25:4-5	39
6	온 세계 성도들을 위해 하나님을 바라라 시 25:3	43
7	기도를 통한 간구로 하나님을 바라라 시 25:21	48
8	용기와 담대함으로 하나님을 바라라 시 27:14	53

9	마음을 다해 하나님을 바라라 시 31:24	58
10	경외함과 소망 가운데 하나님을 바라라 시 33:18-22	63
11	인내하며 하나님을 바라라 시 37:7, 9	69
12	그 도를 지키며 하나님을 바라라 시 37:34	74
13	우리의 지식을 접고 하나님을 바라라 시 39:7-8	79
14	새 노래를 위해 하나님을 바라라 시 40:1-3	84
15	가르침을 기다리며 하나님을 바라라 시 106:13	89
16	그 빛을 위해 하나님을 바라라 시 130:5-6	94

17	흑암 중에도 하나님을 바라라 사 8:17	99
18	그분을 드러내기 위해 하나님을 바라라 사 25:9	104
19	심판의 하나님을 바라라 사 26:8-9, 30:18	108
20	우리를 기다리시는 하나님을 바라라 사 30:18	113
21	전능하신 하나님을 바라라 사 40:31	118
22	확실한 축복을 주시는 하나님을 바라라 사 49:23, 30:18	122
23	생각 밖의 큰일을 위해 하나님을 바라라 사 64:4	127
24	그분의 선하심을 알기 위해 하나님을 바라라 애 3:25	132

25	조용히 하나님을 바라라 애 3:26	137
26	거룩한 기대를 안고 하나님을 바라라 미 7:7	142
27	구속을 위해 하나님을 바라라 눅 2:25, 36, 38	147
28	아들의 오심을 위해 하나님을 바라라 눅 12:36, 딤전 6:14-15, 살전 1:9-10	153
29	아버지의 약속을 위해 하나님을 바라라 행 1:4	159
30	항상 하나님을 바라라 호 12:6	164
31	오직 하나님만 바라라 시 62:5-6	169

하나님이 이루실 위대한 일을 기대하라

　세계 곳곳에서 수고하고 있는 선교사와 동역자들이 보내 온 편지를 보면서, 그들의 사역에 그리스도가 베풀어 주실 수 있는 일에 대한 보다 더 깊고 명확한 통찰력의 필요성을 절감하고 있다는 사실에 놀라지 않을 수 없었습니다.
　우리가 거의 알 수 없을 정도로 놀랍게 자신을 드러내시는 하나님을 바라봅시다. 하나님께 위대한 일들을 기대합시다. 집회나 모임 때 우리는 하나님을 기다리는 데 너무나 적은 시간을 할애합니다. 하나님은 자신의 방법대로 일을 처리하시지 않는 분입니까? 더 이상 하나님이 하실 일이 없을 정도로 하나님의 백성의 삶은 최고의 경지에 달했습니까? 물론 그렇지 않습니다.
　우리는 하나님을 바라야 합니다. 우리의 경험이 놀랍다 해도,

진리에 대한 이해가 아무리 건전하고 성경적인 것 같아도, 우리의 계획이 아무리 적절해 보여도 우리는 하나님을 바라야 합니다.

시간과 장소를 드려 하나님이 하실 수 있는 일과 하시고자 하는 일을 보여 주시게 해야 합니다.

하나님께는 새로운 계획과 새로운 자원이 있습니다. 언제나 새롭고, 처음 들어 보고, 감추어진 일들을 행하실 수 있습니다. 우리의 마음 문을 활짝 열어 놓고 하나님을 제한하지 맙시다.

"주께서 강림하사 우리의 생각 밖에 두려운 일을 행하시던 그때에 산들이 주의 앞에서 진동하였사오니" 사 64:3.

_엑서터 홀 연설문 중에서

chapter 1

구원의
하나님을 바라라

"나의 영혼이 잠잠히 하나님만 바람이여 나의 구원이 그에게서 나는도다" 시 62:1.

　우리를 창조하실 때 그러했듯이 우리의 구원이 하나님으로부터 나오고 전적으로 그분의 일이라면, 우리의 지상 최대 과제는 하나님이 기뻐하시는 대로 이 일을 하시도록 하나님을 기다리며 바라는 일이다. 기다리는 생활만이 완전한 구원을 체험하는 유일한 길이요, 하나님을 우리 구원의 하나님으로 올바로 아는 유일한 길이 된다. 우리를 완전한 구원에 이르지 못하게 하는 모든 문제의 근원은 바로 하나님을 바라는 것에 대한 지식과 실천의 결여에 있다.

교회와 교우들이 이 세상에 하나님의 위대한 능력을 드러내 보여 주는 데 필요한 것은 단지 창조와 구속에 있어 우리 본연의 자리, 우리가 있어야 할 자리, 하나님에 대한 절대적이고 끊임없는 의존의 자리로 돌아가는 것이다. 하나님을 바라는 생활에 더없이 복되고 필수적인 요소가 무엇인가를 살펴보도록 하자.

이것을 알게 되면 은혜가 이처럼 방치된 이유를 알게 될 것이요, 또한 교회가, 아니 우리 자신이 만사를 제쳐놓고 이 복된 비밀을 터득하는 것이 얼마나 바람직한가를 깨닫게 될 것이다.

하나님을 바라는 삶의 필요성은 인간과 하나님의 본질에서 똑같이 찾을 수 있다. 하나님은 창조주로서 인간을 자신의 능력과 선하심을 드러낼 그릇으로 지으셨다. 인간 자신 안에는 생명, 힘 또는 행복의 원천이 있을 수 없다. 영원 전부터 살아 계신 유일한 하나님만이 필요한 모든 것을 늘 공급하신다.

인간의 영광과 축복은 독자적으로 자신에게 의존하는 데 있는 것이 아니라, 무한히 부요하고 사랑이 많으신 하나님을 의존하는 데 있다. 인간은 매순간 하나님의 풍성함을 받아 누리도록 창조됐다. 이것이 타락 이전의 피조물의 복된 상태였다. 인간이 하나님에게서 떨어져 나갔지만 그래도 여전히 그분에게 의존할 수

밖에 없었다. 인간은 죽음에서 벗어날 소망이 전혀 없었으므로 하나님의 능력과 자비가 더욱더 필요했던 것이다. 구속의 일을 시작한 쪽은 하나님이었다.

그것을 신자 개개인 속에서 매순간 지속해 가는 쪽도 하나님이다. 중생한 인간일지라도 스스로에게는 선을 행할 능력이 전혀 없다. 인간은 매순간 필요로 하는 것을 스스로 지니고 있지도 않거니와 그럴 수도 없다. 마찬가지로 하나님을 바라는 삶은 목숨을 이어가는 호흡처럼 절대 필수적이요, 끊임없이 계속되어야 하는 것이다.

그리스도인들이 절대적이며 끊임없는 의존의 필요성과 계속 하나님을 바라는 삶의 형언할 수 없는 축복에 대해 깨닫지 못하는 것은, 절대 빈곤과 속수무책이 하나님과 그들과의 관계 여부에 달려 있다는 것을 알지 못하기 때문이다. 그러나 일단 신자가 이것을 깨닫기 시작하고 성령으로 말미암아 늘 하나님이 역사하시는 것을 받아들여야 한다는 데 동의하기 시작하면, 하나님을 바라는 생활은 더없이 밝은 소망과 기쁨이 된다.

무한한 사랑이신 하나님이 당신의 자녀에게 기꺼이 다 주시려 하며 매순간 인간의 생명과 힘을 공급해 주시는 일을 싫어하시지 않는다는 것을 깨닫게 되면, 예전에는 어떻게 하나님을 온종일 기다려야 할 분으로 생각하지 않았을까 하고 의아해 할 것이다. 하나님은 끊임없이 주시고 역사하시고, 그분의 자녀는 끊임없이 기다리고 받는 것, 이것이야말로 복된 생활인 것이다.

"진실로 나의 영혼이 하나님을 기다리나니 나의 구원이 그에게서 나는도다." 먼저 우리는 구원을 받기 위해 하나님을 기다린다. 그런 다음 구원이란, 우리를 하나님께 가까이 가게 하며 그분을 기다리라고 가르쳐 주는 것임을 배우게 된다. 이렇게 될 때 우리는 하나님을 기다리는 생활 그 자체가 최고의 구원이라는 것을 알게 된다. 그것은 만복의 영광을 그분에게 돌리는 것이요, 그분만이 우리의 전부라는 것을 체험하는 것이다.

하나님, 우리에게 당신을 기다리는 것이 복임을 깨닫게 하소서!

[**나의 영혼이 잠잠히 하나님만 바람이여!**
　　　　　　　　　　　　W a i t i n g O n G o d]

chapter 2

삶의 기본 원리,
하나님을 바라라

"여호와여 나는 주의 구원을 기다리나이다" 창 49:18.

야곱이 자기 자식들의 앞날을 내다보며 예언하는 중에 이 말을 했는데 무슨 뜻으로 했는지 정확히는 말할 수 없다.

그러나 문맥이 분명히 가리키는 것은 자신이나 그 자손들 모두의 소망은 하나님으로부터 온다는 점이다. 그가 기다렸던 것은 하나님의 구원이었는데, 곧 하나님이 약속하셨으며, 하나님만이 완성하실 그러한 구원이었다. 야곱은 자신과 아들들이 하나님의 보호 아래 있음을 알고 있었다. 영원하신 여호와 하나님이 이들에게 자신의 구원의 능력이 무엇이며, 이것이 무엇을 할 수 있는지를 보여 주시기로 되어 있었다. 이 예언의 말씀이 우리에게 암시하는 것은 하나님의 구원 외에는 달리 구원이 없으며, 개인의 경험을 위해서든 더 많은 사람들을 위해서든 하나님께 이것을 바라는 것만이 우리의 급선무요 참된 축복이라는 점이다.

이제 우리 자신과, 하나님이 그리스도 안에서 이루어 놓으시고 성령으로 우리 안에 완성하려 하시는 더없이 영광스러운 구원을 생각해 보자.

우리가 깨달아야 할 것은, 매순간 이 위대한 구원에 참여하는 것이 하나님 자신의 일이어야 한다는 점이다. 하나님은 보편적으로 하늘에서 비를 내려 주시듯이 하나님의 은혜, 선하심, 힘 등을 주시는 것이 아니다. 하나님은 오직 주실 뿐이요, 우리는 그가 친히 역사하는 대로 그것을 누릴 뿐이다.

하나님이 보다 더 효과적이요, 지속적으로 역사하시지 않는 유일한 이유는 하나님이 그렇게 하시도록 우리가 맡기지 않기 때문이다. 우리의 무관심과 우리 자력으로 해보려고 하는 것이 그분이 하시고자 하는 바를 하지 못하도록 방해하기 때문이다. 포기와 순종, 소망과 신뢰가 하나님이 우리에게 요구하시는 이 한마디에 모두 담겨 있는데, 바로 하나님을 기다리는 생활, 곧 그의 구원을 기다리는 생활이다. 이것은 우리가 하나님께만 있는 선을 행할 수 없다는 무력함에 대한 깊은 의식과 하나님이 신령한 능력으로 이것을 해내실 것이라는 우리의 철저한 확신을 연결해 준다.

다시 말하지만, 하나님이 우리 안에서 역사하시려는 거룩한 구원의 영광을 깊이 생각하되 그것이 무엇을 의미하는지 철저히 알도록 하자. 우리의 마음은 창조보다 더 훌륭한 하나님의 활동이 벌어지는 무대이다. 이것은 창조와 마찬가지로 하나님이 계획하시고 행하시지 않으면 우리에게는 불가능한 일이다.

하나님이 우리에게 요구하시는 것은 단지 굴복하고 동의하는 가운데 그분의 뜻을 기다리는 것뿐이요, 나머지는 모두 하나님이 알아서 하신다. 우리는 묵상하며 잠잠히 있는 가운데, 하나님만이 모든 일을 처리하시고 우리 자신은 겸손히 엎드려 "오, 여호와여, 내가 주의 구원을 기다렸나이다." 할 뿐이라고 말하는 것이 얼마나 옳은 일이며 복된 일인가를 깨닫도록 하자.

이 진리를 확대하여 우리가 중보하거나 함께 일하고 있는 사람들과 주위에 있는 그리스도의 교회, 아니 더 나아가 전 세계에 적용하는 것은 어렵지 않다. 하나님이 하시는 일 말고는 선한 것이 없다. 따라서 하나님을 바라며, 우리의 마음이 주님의 역사하심에 대한 신앙으로 가득 차고, 그 신앙 가운데 주님의 위대한 능력을 부어 주실 것을 기도하는 것만이 지혜이다.

오, 마음의 눈이 열려 우리와 다른 사람들 사이에서 하나님이 일하시는 것을 보고 그분의 구원을 기다리며 예배하는 것이 얼마나 복된가를 알 수 있다면!

우리의 개인 기도와 공중 기도는 하나님과 우리와의 관계를 최고로 표현한 것이다. 바로 여기에서 하나님을 기다리는 생활이 습관화 되어야 한다.

우리의 기다림이 세상 활동을 중지하고 하나님 앞에서 잠잠한 가운데 시작된다면, 그분만이 전우주적이요 전능한 섭리 가운데 모든 선을 행하실 수 있고 그것을 언제고 행하실 준비가 다 되어 있다는 것을 머리 숙여 깨달으려고 애쓴다면, 하나님이 우리 안에서 일하시고 또 그렇게 계속할 것이라는 확신 가운데 그분에게 복종한다면, 그리고 끝까지 겸손과 침묵을 지키며 하나님이 자신의 일을 완성하실 것이라는 신앙을 하나님의 성령이 일깨워 주기까지 굴복한다면, 이 기다림의 생활은 참으로 영혼의 힘과 기쁨이 될 것이다.

[나의 영혼이 잠잠히 하나님만 바람이여!
Waiting On God]

chapter 3

피조물의 제자리, 하나님을 바라라

"이것들이 다 주께서 때를 따라 식물 주시기를 바라나이다 주께서 주신즉 저희가 취하며 주께서 손을 펴신즉 저희가 좋은 것으로 만족하다가" 시 104:27-28.

창조주를 찬양하고 있는 본 시편은 숲 속의 새와 짐승, 젊은 사자, 일터로 나가는 인간, 크고 작은 생물이 헤아릴 수 없이 많은 저 큰 바다를 얘기하고 있다. 그러면서 "이것들이 다 주를 바라나이다."라는, 한마디로 피조물과 창조주의 관계와 피조물의 계속적이요 전반적인 의존성을 요약하고 있다.

창조가 하나님의 일이었듯이 그것을 유지하는 것도 그분의 일이다. 피조물이 스스로를 창조할 수 없듯이 자신을 위해 스스로 무엇을 조달할 힘 또한 없다. 온 우주 만물이 오직 한 가지 불변의 법칙에 지배받고 있는데, 곧 하나님을 기다리는 것이다.

  이것을 위해 피조물이 생명을 부여받았으며, 이것이 곧 피조물의 본질이다. 하나님이 피조물에게 생명을 주신 목적 중에 하나는 자신이 매순간 그들의 생명과 행복이 되시고, 그들이 받아들이는 정도에 따라 자신의 선과 능력의 부요함을 부어 주심으로써, 그들 안에서 자신의 지혜와 능력과 선을 입증해 보이는 것이다. 바로 이것이 하나님의 역할이요 본질인데, 그분은 곧 피조물의 모든 필요를 끊임없이 공급해 주시는 분이다. 마찬가지로 피조물의 역할과 본질은 다름이 아니라 하나님을 기다리며 그분만이 공급해 주시는 것, 즐겨 주시는 것을 받아들이는 것이다(윌리엄 로William Law의 『성령의 능력』The Power of the Spirit을 참고하라).

  이 조그만 책자에서 하나님을 바라는 것이 신자에게 무엇을 의미하는지, 그것을 실천하며 그 복됨을 체험하는 것이 무엇을 의미하는지를 어렴풋이나마 알아차린다면, 이것을 당장 시작하여 우리에게 주어지는 소명의 합당성을 알아보는 것이 중요하다. 이것이 일방적이 아니라는 것을 알아야 한다. 이것이 단지 우리의 죄와 속수무책의 결과로 주어지는 것이 아님을 알아야 한다. 이것은 참으로 우리 본래의 운명과 최고의 고귀함으로 돌아가는 것이다. 즉, 영광에 가득 찬 하나님께 복되게 의존하는 피조물로서 우리의 진정한 위치와 영광으로 되돌아가는 것이다.

우리의 눈이 이 귀한 진리를 일단 보게 되면, 모든 자연은 창조 당시 가졌던 관계를 기억시켜 주는 설교자가 된다. 본 시편을 보거나 자연의 모든 만물이 지금까지 하나님의 섭리로 생명을 유지해 나가는 것으로 보아 알 수 있는 것은, 하나님을 기다리는 생활이 우리의 생존에 필수라는 점이다.

젊은 사자들과 까마귀가 그분에게 울부짖고, 새와 물고기와 곤충들이 하나님을 기다리다가 때를 따라 주시는 식물을 받아먹는 것을 생각할 때, 그분만이 마땅히 우리가 기다려야 할 하나님이며, 이것이 하나님의 본질과 영광임을 알게 될 것이다. 자연의 본질과 하나님의 본질을 보면 "하나님만 바라라."는 요구의 의미를 새삼 깨닫게 될 것이다.

"이것들이 다 주께서 때를 따라 식물 주시기를 바라나이다." 이 모든 것을 주시는 분은 하나님이시다. 이 믿음을 마음속 깊이 간직하도록 하자. 하나님을 기다리는 생활이 의미하는 모든 것을 다 알지 못한다 해도, 그 습관을 기르지 못했다 해도 이 진리만은 확고히 붙잡도록 하자. 하나님을 기다림, 곧 끊임없이 그분게 절대적으로 의존하는 것이야말로 천상천하 어디서든지 다 통하는 유일한 참 신앙이요, 우리가 그 안에서 살고 있는 복되신 분과의 진정한 관계에 대한 변경할 수 없는 포괄적인 표현이다.

바로 지금부터 이것이 우리의 생활과 예배의 일면이 되게 하여 계속 겸손하게 하나님을 바라는 생활을 하도록 하자. 하나님 자신을 위해 우리를 창조하시고, 우리에게 기꺼이 자신을 주시는 그분은 결코 우리를 실망시키지 않을 것이니 안심하라. 그분을 기다리는 가운데 우리는 안식과 기쁨, 힘과 모든 필요의 공급을 구해야 한다.

[**나**의 영혼이 잠잠히 하나님만 바람이여!
　　　　　W a i t i n g O n G o d]

chapter 4

채워 주시는
하나님을 바라라

"여호와께서 모든 넘어지는 자를 붙드시며 비굴한 자를 일으키시는도다 중생의 눈이 주를 앙망하오니 주는 때를 따라 저희에게 식물을 주시며" 시 145:14-15.

    시편 104편은 창조의 노래로, "이것들이 다……바라나이다" 27절 라는 말은 동물 세계를 언급한 것이다. 그러나 여기 시편은 하늘 나라를 노래한 것으로, "중생의 눈이 주를 앙망하오니"라는 말은 넘어지고 비굴한(무릎 꿇은) 모든 자, 즉 성도들의 필요를 특별히 지적한 표현이다.

    온 우주와 동물 세계가 무의식적으로 하나님께 하는 것을 하나님의 백성은 지혜롭게 자발적으로 해야 한다. 인간은 자연의 해석자여야 한다. 우리의 자유 의지를 주님을 기다리는 일에 사용하는 것보다 더 멋있고 복된 일이 있을 수 없다는 것을 입증해 보여야 한다.

만일 군대가 적진을 향해 나아갔는데 전진하지 않고 있다는 소식이 들려 온다면 왜 그러느냐고 당장 물을 것이다. 그런데 이때의 대답은 흔히 보급품을 기다리기 때문이라는 것이다. 식량과 피복, 탄약이 다 도착되지 않으면 한 치도 전진해 나갈 수 없다.

그리스도인의 생활에서도 다를 바 없다. 하루하루, 한 걸음 한 걸음마다 위로부터의 공급이 필요하다. 하나님을 의존하는 마음과 그에 대한 확신, 즉 필수적인 은혜와 용기의 공급이 없이는 한 걸음도 내딛을 수 없다는 이러한 마음을 기르는 것이 무엇보다 필요하다.

이것이 기도와 다를 것이 뭐냐고 묻는다면, 우리는 기도는 많이 하지만 하나님을 기다리는 일은 거의 하지 않는다고 대답하겠다. 기도한다면서 너무도 자신과 자신의 요구 사항, 자신의 노력에만 집착하는 일이 많다. 하나님을 기다림에 있어서 맨 먼저 생각해야 할 것은 우리가 기다리는 하나님이다. 하나님 앞에 나아가 하나님 자신으로 우리를 덮으시도록 잠잠해야만 한다. 하나님은 자신을 드러내 보여 주기를 원하시며, 우리를 하나님 자신으로 채워 주기를 원하신다. 하나님을 기다리는 생활이란, 하나님이 원하시는 대로 신령한 능력에 따라 우리에게 가까이 오시도록 시간을 드리는 것이다.

이러한 마음을 가져야 할 때는 특히 기도 시간이다. 기도하기 전에 하나님 앞에 조용히 무릎을 꿇고 하나님이 누구신지, 얼마나 가까이 계시는지, 어떻게 우리를 돕고 계시며 또 어떻게 도우실 것인지에 대해 되새겨 보도록 하자.

하나님 앞에 잠잠히 있는 가운데 하나님의 성령이 당신의 영혼 깊은 곳에 어린아이 같은 절대적 의존과 확신에 찬 기대를 불러일으키도록 하라. 하나님을 기다리되 우리의 필요를 아시고 구원으로 채워 주고자 하시는 살아 계신 하나님으로 알고 기다려야 한다. 또 하나님을 기다리되 우리가 그분을 만났다고 생각될 때까지 기다려야 한다. 그렇게 될 때 우리의 기도는 달라질 것이다.

그리고 기도할 때는 중간마다 침묵, 즉 영혼의 공손한 침묵을 하라. 하나님이 우리에게 가르쳐 주고자 하시거나 우리 안에서 일하고자 하시는 것이 있을지도 모르니 우리 자신을 내맡겨 하나님의 음성을 듣도록 하자. 하나님을 기다리는 생활은 가장 복된 기도의 일부분이 되고, 이렇게 얻어진 축복은 거룩하신 분과의 교제의 열매로서 곱절이나 귀한 것이 된다.

하나님을 기다리는 것은 하나님의 거룩한 본질에 우리의 본질을 일치시키는 것이며, 하나님께 영광을 돌리는 것이다. 이 일을 즐거운 마음으로 성실히 행하도록 하자. 그러면 하나님이 상급을 풍성하게 주실 것이다.

"중생의 눈이 주를 앙망하오니 주는 때를 따라 저희에게 식물을 주시도다."

사랑하는 영혼이여, 하나님은 자연 속에 자신의 피조물의 필요를 공급하시지 않는가. 하물며 하나님이 구속한 자들에게야 은혜 가운데 더 많은 것으로 공급해 주시지 않겠는가. 모든 부족, 모든 실패, 필요한 은혜의 온갖 결핍을 다 얘기하도록 하라. 내가 하나님을 너무도 바라지 않았다고, 혹은 하나님은 필요한 때에 나의 필요를 채워 주셨다고 얘기하라. 그러고 나서 이렇게 말하라.

[나의 영혼이 잠잠히 하나님만 바람이여!
Waiting On God]

chapter 5

길을 가르치시는
하나님을 바라라

"여호와여 주의 도를 내게 보이시고 주의 길을 내게 가르치소서 주의 진리로 나를 지도하시고 교훈하소서 주는 내 구원의 하나님이시니 내가 종일 주를 바라나이다" 시 25:4-5.

앞에서 적진으로 진격하는 군대 얘기를 했다. 왜 지체하느냐는 질문에 대한 대답은 보급품을 기다리기 때문이라는 것이었다. 여기에 대한 또 다른 대답으로는 "지침을 기다리느라고." 혹은 "명령을 기다리느라고." 하는 것이 있을 수 있다. 사령관의 최후의 명령을 받지 않으면 한 발자국도 옮길 수 없다. 그리스도인의 생활도 마찬가지다. 공급을 기다리는 만큼 가르침을 기다리는 생활 또한 절실히 필요하다.

시편 25편에 이것이 얼마나 멋지게 표현되어 있는지 보자. 시편 기자는 하나님의 율법을 알고 매우 사모하는 가운데 주야로 묵상했다. 그러나 그는 이것으로 만족하지 않았다. 진리를 영적으로 올바르게 이해하려면, 그리고 자신의 특수한 상황에 바르게 적용하려면 직접적인 하나님의 가르침이 필요하다는 것을 깨달은 것이다.

시편의 독특성은 이 신적 가르침에 대한 절박한 필요와 이 가르침이 주어질 것이라는 어린아이 같은 확신이 여러 번 강조되고 있다는 점에서 찾을 수 있다. 시편을 공부하려면 두 가지 생각, 즉 신적 가르침에 대한 절대적 필요와 확신이 생길 때까지 공부해 보라. 그리고 "내가 종일 주를 바라나이다" 하는 말이 얼마나 맞는 말인지 확인해 보라. 온종일 가르침과 교훈을 기다리는 일은 하나님을 기다리는 생활의 복된 일면이 아닐 수 없다.

하늘에 계신 아버지는 자녀에 대한 관심이 대단하고, 걸음마다 자신의 뜻과 사랑으로 자녀의 삶을 주관하기 원하신다. 그러므로 하나님은 전적으로 자녀들을 직접 가르치고자 하신다. 하나님은 자신이 우리 안에서 직접 일하시지 않으면 참으로 거룩하고 천상적인 것을 우리가 행할 수 없다는 것을 다 아시기 때문에, 자신의 요구가 곧 자신이 행할 것에 대한 약속이 되게끔 하신다. 특별히 어려움을 당하거나 곤경에 처했을 때만이 아니라, 일상 생활 속에서 우리에게 하나님의 도를 가르쳐 주시고 하나님의 길을 제시해 주실 것을 믿도록 하자.

이런 지도를 받는 데 있어서 우리에게 필요한 것은 무엇인가? 단 한 가지 가르침을 기다리는 것, 하나님을 기다리는 것이다. "내가 종일 주를 바라나이다." 우리는 기도하면서 하나님의 도움의 필요와 확신을 분명하게 드러내야 한다.

우리가 대낮같이 밝고 완전한 길을 가고자 한다면 하나님의 길을 모르는 우리의 무지와 우리를 비춰 주는 하나님의 빛의 필요성을 절감해야 한다. 그리고 우리는 기도하면서 깊고 평안한 확신이 생길 때까지 하나님 앞에서 잠잠히 기다려야 한다. "온유한 자를 공의로 지도하시도다."

"내가 종일 주를 바라나이다." 기도하며 하나님의 가르침에 복종하는 것은 '온종일' 습관적으로 바라보는 생활이어야 한다. 눈 뜬 사람이 온종일 햇빛 아래서 걷는 것이 아주 쉬운 일이듯이, 하나님을 기다리는 일에 익숙한 사람은 하나님의 빛과 인도를 받으며 온종일 걷는 것이 아주 쉽고도 즐거운 일이 된다.

이러한 생활로 나아가는 데 꼭 필요한 것은 오직 한 가지이다. 즉 하나님을 지혜와 선의 유일한 원천으로, 우리가 요구하는 모든 것을 언제나 채워 주시려고 만반의 준비가 다 되어 있는, 그 하나님으로 정말 알고 믿는 것이다.

그렇다! 우리에게 필요한 것은 이것뿐이다. 하나님을 사랑의 하나님으로 알고, 언제나 자비로우시며 우리의 생명이 되어 우리 속에서 일하고자 하신다는 것을 믿기만 한다면, 하나님을 바라는 이 생활이 얼마나 큰 기쁨이 되겠으며 하나님의 큰 사랑과 영광에 대해 얼마나 자연스럽고 자발적인 마음의 반응이 나타나겠는가!

[나의 영혼이 잠잠히 하나님만 바람이여!
Waiting On God]

chapter 6

온 세계 성도들을 위해 하나님을 바라라

"주를 바라는 자는 수치를 당하지 아니하려니와" 시 25:3.

오늘 묵상 시간에는 자신을 잊고 우리와 같이 하나님을 바라고 있는 하나님의 무리들, 즉 온 세계의 성도들을 생각해 보자. 그리고 우리 다 함께 열렬하게 "주를 바라는 자는 수치를 당하지 않게 하소서."라고 기도하자.

주님을 기다리는 수많은 사람들에게 필요한 것은 바로 이 기도이다. 기도가 응답되지 않아 자신의 기대가 수치를 당할까 봐 두려워하며 병들고 외로워하는 사람들이 얼마나 많은가! 일을 하다가 실망하거나 능력과 축복에 대한 기대가 채워지지 않아 만족하지 못하는 하나님의 종, 목사, 선교사, 교사, 사역자들이 얼마나 많은가! 또한 안식과 평안, 빛과 교제, 힘과 승리의 생활이 있다는 것을 듣기는 들었으나 그 길을 깨닫지 못하는 사람들이 얼마나 많은가!

모두에게 있어서 문제가 되는 것은 단 한 가지, 즉 하나님을 철저하게 기다리는 비결을 터득하지 못했다는 것이다. 이들에게 필요한 것은 하나님을 기다리는 것이 결코 헛수고가 아니라는 확실한 보장이다. 기진맥진해 있는 모든 사람들, "주를 바라는 자는 수치를 당하지 않게 하소서!" 하고 울부짖는 모든 사람들을 기억하도록 하자.

하나님을 기다리는 모든 자들을 위한 이 중보 기도가 하나님을 기다리는 생활의 일부가 된다면, 우리는 각자의 짐을 서로 나눠 지는 가운데 그리스도의 율법을 성취하는 셈이 된다. 이렇게 될 때 하나님을 기다리는 생활에는 하나님과 함께하는 최고의 축복과 충만한 교제의 길인 이타심과 사랑의 요소가 자리를 같이하게 될 것이다.

하나님에 대한 사랑과 형제에 대한 사랑은 불가분의 관계이다. 하나님께서는 그분의 아들에 대한 사랑과 우리에 대한 사랑이 동일하다. "이는 나를 사랑하신 사랑이 저희 안에 있고"요 17:26. 그리스도께는 그의 아버지에 대한 사랑과 우리에 대한 사랑이 동일하다. "아버지께서 나를 사랑하신 것같이 나도 너희를 사랑하였으니"요 15:9. 하나님은 우리에 대한 하나님의 사랑이 우리를 통해서 형제에 대한 사랑으로 이어지기를 원하신다. "내가 너희를 사랑한 것같이 너희도 서로 사랑하라"요 13:34.

하나님과 그리스도의 사랑은 모두 형제에 대한 사랑과 뗄 수 없는 연관을 갖게 된다. 그리스도께서는 아버지의 사랑을 자신의 독점물로 누리지 않으셨다. 그분은 그것을 우리에게 모두 넘겨 주셨다. 매일 서로를 위해 기도하는 것 외에 무슨 방법으로 형제에 대한 사랑을 입증하고 키워 나갈 수 있겠는가?

"주를 바라는 자는 수치를 당하지 아니하려니와." 다윗은 시편에서 두 번이나 자기 자신을 위해 하나님을 기다림을 얘기하고, 여기서는 하나님을 기다리는 모든 자들을 생각하고 있다. 이것은 고난을 견뎌 낸 사람과 지쳐 있는 하나님의 사람들 모두에게, 그들이 생각하는 이상으로 자신들을 향한 기도가 많다는 메시지가 되어야 한다.

하나님을 기다리는 생활을 하고 있는 우리는 이 점을 생각하여 때때로 자신을 잊고 마음을 좀 더 넓혀 아버지께 이렇게 기도해야겠다.

"이것들이 다 주께서 때를 따라 식물 주시기를 바라나이다" 시 104:27.

여기서 우리 모두는 새 힘을 얻어야 한다. 그 어느 누구도 때에 따라서는 기진맥진하여 지치기 마련이니 말이다. "주를 바라는 자는 수치를 당하지 않게 하소서." 하는 말은 일종의 약속으로서 "주를 바라는 자들은 수치를 당하지 않을 것이다!"라는 말과 같다.

도움을 필요로 하는 모든 사람, 형제, 자매, 고난을 견뎌 낸 사람들을 향한 많은 증인들의 외침이 있다. "여호와를 기다리라. 용기를 가지라. 그러면 그가 네 마음을 북돋우시리라."

"복되신 아버지여, 겸손히 엎드려 비오니 당신을 바라는 자 그 누구도 수치를 당하지 않게 하소서. 더러는 지친 나머지 기다리는 시간이 지루해 보이기도 합니다. 또 더러는 마음이 약해서 어떻게 기다려야 할 줄 모르고 있습니다. 그리고 더러는 자신들의 기도와 일에 얽매여 지속적으로 기다릴 시간적 여유가 없는 자들도 있습니다. 아버지여, 우리 모두에게 기다리는 법을 가르쳐 주소서! 서로를 생각할 줄 알고 서로를 위해 기도할 줄 알게 하소서. 우리로 하여금 주님을, 즉 기다리는 모든 자의 하나님을 생각하게 하소서! 아버지여, 당신을 바라는 자 그 누구도 수치를 당치 않게 하소서! 예수님의 이름으로 기도합니다. 아멘."

[나의 영혼이 잠잠히 하나님만 바람이여!
　　　　　　　　　　　Waiting On God]

chapter 7

기도를 통한 간구로
하나님을 바라라

"내가 주를 바라오니 성실과 정직으로 나를 보호하소서" 시 25:21.

본 시편에서 세 번째로 생각해 볼 것은 '바라오니'라는 단어이다. 5절의 "내가 종일 주를 바라나이다"에서와 같이 여기서도 믿음의 간구자는 아직도 자신이 하나님을 기다리고 있고, 대답을 기다리고 있다는 것을 기억해 달라고 하나님께 호소하고 있다. 중요한 것은 우리 영혼이 하나님을 바랄 뿐 아니라, 온 정신과 태도가 기다리는 자세로 충만하고 어린아이와 같은 확신으로 "주님, 당신은 아십니다. 내가 당신을 기다리고 있는 것을 말입니다!" 하고 얘기할 수 있어야 한다는 것이다. 이렇게 될 때 우리의 기도는 강력한 간구의 기도가 되고 "나를 바라는 자들은 수치를 당하지 않으리라!"는 약속을 내 것으로 담대히 요구할 수 있는 것이다.

이 같은 간구의 기도는 영적 생활에 있어서 아주 중요한 의미를 갖는다. 하나님께 가까이 나아갈 때는 진실한 마음이어야 한다. "내가 나의 완전함에 행하였사오며……여호와여 나를 판단하소서"시 26:1, "나는 나의 완전함에 행하오리니"시 26:11라는 말씀과 "마음이 정직한 자에게 주의 의를 베푸소서"시 36:10라는 말씀대로 하나님 앞에서는 철두철미한 정직과 일편 단심이 있을 뿐이다.

우리의 영혼은 한 치라도 사악한 것이나 의심스러운 것에 자리를 양보해서는 안 된다. 거룩한 분을 만나 그분의 축복을 마음껏 누리려면 그분의 뜻에만 매달리는 순전한 마음을 가져야 한다. 하나님을 기다리는 생활에서 우리를 고무시키는 정신은 '성실'과 '정직'이다.

"내가 이런 마음으로 주님께 나아가고자 하는 것을 주님은 아시나이다. 주님이 성실과 정직을 내 안에서 완전하게 해주실 것을 바라고 있음을 주님은 아시나이다. 내가 주를 바라오니 성실과 정직으로 나를 보호하소서!"

하나님을 바라는 생활과 온전하게 살려는 노력에 철두철미한 정직이 얼마나 필요한가를 깨닫기 시작한다면 이것이야말로 기다리는 생활이 의도하는 축복 중 한 가지가 아닐 수 없다. 하나님의 모든 뜻에 정직하고 철저하게 굴복하기 전에는 우리 영혼이 하나님과 밀접한 관계를 맺을 수 없으며, 온종일 그분을 기다리는 생활 자세를 유지할 수 없다.

"내가 주를 바라오니." 이 표현은 비단 이 책에서 말하는 기도뿐 아니라, 간구가 담긴 모든 기도와 연관이 있다. 이것을 자주 사용하면 그만큼 우리에게 오는 축복도 크기 마련이다. 그러므로 그 의미를 분명히 깨달을 때까지 이 구절을 깊이 묵상하도록 하자.

우선 우리가 무엇을 바라고 기다리는지 명백히 해둘 필요가 있다. 때에 따라서는 기도할 때 하나님을 하나님의 자리에 모시고, 하나님의 거룩한 임재와 가까이 계심을 일깨워 주실 것을 바랄 수 있다.

때로는 무언가 특별한 간구 사항이 있어서 그 응답을 기대하고 하나님을 바라는 것일 수도 있다. 또 경우에 따라서는 우리의 내면 생활 전체를 하나님의 능력으로 가득 채워 주실 것을 바라는 것일 수도 있다. 아니면 교회와 성도들의 전반적인 문제나 사업의 일부분을 놓고 우리의 눈이 주님만 바라보는 경우도 있다. 따라서 때때로 우리가 바라는 것이 무엇인지 명백히 따져 볼 필요가 있다. 그리고 "내가 주를 바라나이다." 하고 그것들을 하나하나 아뢰는 동시에, "내가 주를 바라오니."라고 하며 담대하게 응답을 구해야 한다.

또 명백히 해두어야 할 것은 우리가 누구를 기다리느냐 하는 점이다. 우리가 기다리는 것은 우상, 즉 이러이러할 것이라는 우리의 관념에 따라 형상을 만든 하나님이 아니다. 그분은 바로 위대한 영광, 무한한 거룩, 능력, 지혜, 선하심, 사랑을 지니신 살아계신 하나님이시다. 주인의 시중을 드는 하인을 정신 차리게 하는 것은 바로 친애하면서도 두려운 존재인 주인이다.

마찬가지로 참되게 기다리는 정신을 일깨워 유지시키는 존재는 하나님이신데, 그분은 그리스도 안에서 성령을 통해 자신을 드러내시고 영혼을 감싸 주실 수 있다. 하나님이 얼마나 가까이 계시는지를 알기까지 우리는 잠잠히 기다리는 가운데 경배할 뿐이다. 이런 연후에 "내가 주를 바라나이다."라고 말할 수 있는 것이다.

또 우리가 기다리고 있다는 점이다. 이 점을 철저히 명심해서 "내가 종일 주를 기다리나이다."라는 말이 자동적으로 나올 수 있어야 한다. 여기에는 참으로 희생과 구별됨, 모든 것이 되시며 유일한 기쁨이신 하나님께 전적으로 맡겨진 영혼이 함축되어 있다.

이렇게 하나님을 바라는 생활이 진정으로 참된 기독교의 특징이라는 것은 거의 알려져 있지 않다. 하나님만이 선이요, 기쁨이요, 사랑이라는 것이 사실이라면, 우리의 가장 큰 축복이 하나님의 부요하심을 가능한 한 많이 누리는 것이 사실이라면, 그리스도께서 전적으로 하나님을 위해 우리를 구속하시고 하나님의 임재 가운데 계속해서 살아가는 것을 가능케 하신 것이 사실이라면, 우리의 영혼은 "내가 주를 바라나이다."라는 복된 말씀을 되씹지 않고는 견딜 수 없어야 한다.

[나의 영혼이 잠잠히 하나님만 바람이여!
　　　　　　　　　　　　　Waiting On God]

chapter 8

용기와 담대함으로 하나님을 바라라

"너는 여호와를 바랄지어다 강하고 담대하며 여호와를 바랄지어다" 시 27:14.

시편 기자는 바로 앞 절에서 "내가 산 자의 땅에 있음이여 여호와의 은혜 볼 것을 믿었도다"라고 말하고 있다. 하나님에 대한 신앙이 아니었더라면 그의 마음은 실망했을 것이다. 그러나 그는 믿음을 주시는 하나님에 대한 확신 가운데 자신과 우리에게 무엇보다도 이것만은 기억하라고 권하고 있는데, 곧 하나님을 바라라는 것이다.

"너는 여호와를 바랄지어다 강하고 담대하며 여호와를 바랄지어다." 하나님을 기다리는 생활에서 가장 필요한 것 중 하나요, 축복을 받는 비결의 하나는 이것이 헛수고가 아니라는 고요하고도 자신에 찬 확신, 즉 하나님이 들으시고 도와주실 것을 믿는 용기이다. 우리는 자기 백성을 결코 실망시키지 않으시는 하나님을 기다리고 있다.

"강하고 담대하라." 이 말은 어렵고 힘든 큰 일이 앞에 있을 때, 강력한 원수가 앞에 있을 때, 모든 인간의 기력이 무력해질 때 사용하는 말이다.

그렇다면 하나님을 기다리는 생활이 "강하고 담대하라."는 말을 필요로 할 정도로 어렵고 힘든 일이란 말인가? 그렇다. 우리가 기다려야만 하는 구원은 종종 우리를 무력하게 하는 원수로부터의 구원이다. 우리가 간구해 마지않는 축복은 영적이며 눈에 보이지 않는 것으로, 천상적이고 초월적이며 신적인 것이기 때문에 인간에게는 있을 수 없는 것이다.

우리의 영혼은 하나님과 교제하는 데 거의 익숙하지 않기 때문에 우리가 기다리는 하나님이 자신을 감춰 버리는 것같이 보일 때가 있다. 마땅히 기다리고 있어야만 하는 우리가 제대로 기다리고 있지 못하는 것은 아닌지, 신앙이 너무 약한 것은 아닌지 하는 의혹에 자주 빠진다.

이러한 불안과 의심 속에서도 "너는 여호와를 기다리라! 강하고 담대하라! 그래, 너는 여호와를 기다리라!" 하는 여호와의 음성을 들을 수 있다는 것은 얼마나 복된 일인지 모른다. 하늘이나 땅이나 땅 아래 있는 그 어느 것도, 결코 헛수고가 아니라는 확신을 가지고 하나님을 기다리는 당신을 가로막지 못하게 하라.

본문이 가르치는 교훈은 바로 하나님을 기다리기로 작정했으면 하나님이 우리를 만나 주시고 축복해 주실 것을 확신하고 기대해야 한다는 것이다. 하나님을 기다리는 일만큼 예기치 않은 축복을 가져오는 것도 없다는 사실을 명심해야 한다는 말이다.

우리는 우리가 느끼는 바에 따라 하나님과 그분의 일을 판단하는 버릇이 있어, 하나님을 기다리는 생활을 조금 시작해 보다가는 특별한 축복을 얻을 수 없다고 실망한 나머지 집어치워 버리고 만다. 그러나 하나님을 기다리려면 무엇보다도 풍성한 소망 가운데 기다리라. 당신이 기다리고 있는 분은 영광의 하나님이요, 능력의 하나님이요, 사랑의 하나님으로 당신을 축복해 주기를 고대하고 계시는 분이다.

그러나 당장 특별히 기대해 볼 만한 보장도 없어 보이는데 헛된 소망으로 자신을 속이려 들 필요가 있겠느냐고 얘기하는 사람이 있다면, 그런 사람에게는 이런 대답이 필요하다. 즉 당신이 큰 일을 기대하는 데 있어 유일한 보장은 하나님이시라는 사실이다. 당신은 자신의 느낌과 당신에게 생기는 변화에 의지해서는 안 된다. 당신은 먼저 하나님이 어떤 분인지 알고, 그 다음에는 하나님이 무슨 일을 행하실지 알기 위해 하나님을 기다려야 한다.

하나님을 기다리는 생활의 본분과 축복은 여기에 그 뿌리를 두고 있다. 즉 하나님은 선하시고 능력과 생명과 기쁨이 넘치는 아주 복된 분이라서, 우리가 아무리 미천한 존재일지라도 그분께 가까이 가다 보면 그 능력과 생명이 어느새 스며들어 와 우리를 축복할 수밖에 없다는 것이다.

하나님은 사랑이시다! 이것이 바로 당신의 바람에 대한 유일하고도 충분한 보장이다. 사랑은 제 길을 찾아가기 마련이다. 하나님의 사랑은, 자녀들에게 하나님 자신과 자신의 행복을 나눠 주시는 즐거움이다.

아무리 약한 자라도 와서 하나님 앞에서 기다려 보라. 병약한 환자가 태양의 따스함을 느끼려고 햇빛에 나오듯이, 당신에게 있는 온갖 어두움과 차가움을 다 안고 하나님의 거룩하고 전능한 사랑의 빛으로 나와 앉아 오직 이 생각만 하고 기다리라. "내가 당신의 빛을 쬐러 왔습니다."

햇빛을 갈구하는 병자에게 태양이 그 일을 다하듯이 하나님은 당신을 위해 자신의 일을 행하실 것이다. 오, 그대는 그분을 신뢰하기만 하라! "너는 여호와를 바랄지어다! 강하고 담대하며 여호와를 바랄지어다!"

[나의 영혼이 잠잠히 하나님만 바람이여!
　　　　　　　　　　　Waiting On God]

chapter 9

마음을 다해
하나님을 바라라

"강하고 담대하라 여호와를 바라는 너희들아" 시 31:24.

이 본문은 앞 장에서 인용된 것과 다름이 없다. 그러나 여기서 다시 한번 사용하는 이유는, 하나님을 바라는 것이 무엇인지를 정말 진지하게 알고자 하는 모든 사람들에게 이 중요한 교훈을 강조하려는 뜻에서이다.

여기서 말하고 있는 교훈은 곧 마음을 다해 하나님을 기다려야 한다는 것이다. "너희 마음을 담대하게 하라."

우리의 기다림은 이 마음 상태에 달려 있다. 인간은 마음 상태에 따라 하나님 앞에 서는 자세가 결정된다. 마음이 성령에 의해 준비되지 못하면 하나님이 임재하시는 처소에 보다 더 깊숙이 들어가 그분께 나아갈 수 없다. 메시지는 바로 이것이다. "너희 마음을 담대하게 하라. 여호와를 바라는 너희들아."

"이 진리는 너무나 기본적이고 모두 인정하는 것이 아닌가? 그것을 특별히 강조할 필요가 있는가?" 하고 질문하는 사람도 있을 것이다. 그 이유는 많은 그리스도인들이 지성의 종교와 마음의 종교 사이의 큰 차이를 구별하지 못하고 있고, 후자보다 전자에 더 몰두하기 때문이다. 마음이 지성보다 훨씬 더 중요하다는 것을 모르고 있는 것이다. 그리스도인의 유약한 생활의 원인을 바로 여기서 찾아야 하며, 이것이 바로 이해될 때만이 하나님을 기다리는 생활은 온전한 축복을 받게 될 것이다.

잠언 3:5의 말씀이 이 의미를 더욱 분명하게 해준다. 하나님을 경외하고 사랑하는 생활에 대해 얘기하면서 "너는 마음을 다하여 여호와를 의뢰하고 네 명철을 의지하지 말라"고 말하고 있다. 모든 신앙 생활에서 이 두 가지 능력을 발휘해야 한다. 지성은 하나님 말씀에서 지식을 모아 내적 생활을 영위하는 마음이 자양분을 얻을 수 있도록 해야 한다.

그러나 우리 자신의 지식에 의지하고 신적인 것에 대한 우리의 이해 자체를 신뢰하려는 무서운 위험이 여기에 도사리고 있다. 사람들은 자신들이 진리를 알고 있으면 영적 생활은 자동적으로 보장되는 것으로 생각한다. 천부당만부당한 생각이 아닐 수 없다. 지식은 신적 개념과 상징을 다루는 것이지 실제 영혼의 생활에까지는 미칠 수 없다. 따라서 "너는 마음을 다하여 여호와를 의뢰하고 네 명철(지식)을 의지하지 말라"는 경고가 따를 수밖에 없는 것이다.

인간이 하나님을 믿고 그분과 접촉하게 되는 것은 마음을 통해서이다. 하나님이 성령을 주시고 하나님의 활동 무대로 삼으신 곳도 다름 아닌 우리의 마음이다. 우리의 모든 신앙 생활에서 신뢰하고, 사랑하고, 예배하고, 순종하는 주체는 마음이다. 내 속에 영적 삶을 창조하고 유지해 가는 일에 있어서 지성은 전적으로 무력하다. 주님이 내 안에 그 일을 행하시도록 우리는 하나님을 기다려야 한다.

이것은 신체 활동에서도 마찬가지다. 무엇을 먹고 마실 것과 그 영양가에 대해서는 머리가 말해 줄지 모르지만, 먹고 마시는 일 그 자체에서는 우리 이성이 할 일이 하나도 없다. 이 특별한 임무를 위해서는 신체의 다른 기관이 있다. 마찬가지로 이성은 하나님의 말씀이 무엇을 애기하고 있는지는 말해 줄 수 있지만 영혼에 생명의 양식을 먹이는 일은 전혀 하지 못한다. 오로지 마음만이 하나님에 대한 신앙과 신뢰로서 해낼 수 있는 일이다. 인간은 음식이나 수면의 성질이나 그 효력에 대해 연구하지만, 먹고 싶거나 자고 싶을 때는 그 연구를 집어치우고 먹기도 하고 자기도 한다.

이와 마찬가지로 그리스도인도 하나님의 말씀을 연구하거나 들었을 때, 자신의 생각을 멈추고 그 생각에 대한 신뢰를 접어 두고 마음을 일깨워 하나님께 마음 문을 열어 하나님과 산 교제를 갖도록 노력해야 한다.

그러므로 나 자신의 생각과 노력의 무력함을 고백하고 하나님 앞에 잠잠히 꿇어 엎드려, 하나님이 내 안에서 새로운 일을 시작하시고 보강하실 것을 신뢰하는 것이 하나님을 기다리는 생활의 축복이다. 바로 이것이 "너희 마음을 담대하게 하라. 여호와를 바라는 너희들아."라는 말씀의 교훈이다.

지성으로 아는 것과 마음으로 믿는 것의 차이를 명심해야겠다. 명확하고 강경한 사고와 지식을 의지하고자 하는 유혹을 물리쳐야겠다. 이 사고와 지식은 마음이 하나님으로부터 무엇을 얻어야 할 것인가를 알려 줄 수는 있어도 그 자체로서는 상징이요 그림자에 불과한 것이다. "너희 마음을 담대하게 하라. 여호와를 바라는 너희들아."

하나님이 자신을 계시하시고, 당신이 그분을 알 수 있는 놀라운 영적 장소인 당신의 마음을 하나님께 드리라. 당신의 마음속을 볼 수는 없지만 하나님은 바로 거기에서 성령을 통해 일하고 계신다는 이 중요한 확신을 갖도록 하라.

때에 따라서는 마음이 완전한 침묵과 잠잠함 가운데 기다리도록 하라. 하나님은 마음속 깊은 곳에서 일을 시작하실 것이다. 이것을 확신하고서 그저 그분을 기다리기만 하라. 당신의 온 마음을 끊임없이 하나님의 손에 맡기라. 하나님은 마음을 원하시고 받아들이시며 그 안에 거하고자 하신다.

"강하고 담대하라. 여호와를 바라는 너희들아."

[나의 영혼이 잠잠히 하나님만 바람이여!
Waiting On God]

chapter 10

경외함과 소망 가운데 하나님을 바라라

"여호와는 그 경외하는 자 곧 그 인자하심을 바라는 자를 살피사 저희 영혼을 사망에서 건지시며 저희를 기근 시에 살게 하시는도다 우리 영혼이 여호와를 바람이여 저는 우리의 도움과 방패시로다 우리 마음이 저를 즐거워함이여 우리가 그 성호를 의지한 연고로다 여호와여 우리가 주께 바라는 대로 주의 인자하심을 우리에게 베푸소서" 시 33:18-22.

하나님의 눈은 자기 백성을 향해 있고, 백성의 눈은 하나님을 향해 있다. 하나님을 바라는 생활을 통해 그분을 바라보는 우리의 눈은, 우리를 내려다 보시는 그분의 눈길과 마주친다.

우리의 눈과 생각이 우리 자신, 우리의 필요와 욕망으로부터 떠나 하나님과 관계를 맺는 것이 하나님을 바라는 생활의 축복이다. 우리는 영광과 사랑 가운데 우리의 필요를 낱낱이 공급해 주시려고 우리를 감찰하시는 하나님을 경배한다. 따라서 여기서 하나님과 그분의 백성 사이의 이 귀한 만남을 생각해 보고 하나님의 눈길이 머무는 그분의 백성에 대해, 우리의 눈이 머무는 그분에 대해 무엇을 배워야 할지 유심히 주목해 보자.

"여호와는 그 경외하는 자 곧 그 인자하심을 바라는 자를 살피사." 두려움과 소망, 이 둘은 서로 상반되는 것으로 보인다. 그러나 하나님 앞에서와 그분을 경배하는 데서는 이 둘이 나란히 완전한 조화를 이룬다.

이것이 또 그럴 수밖에 없는 것은 하나님 안에서는 갈등이 모두 해소되기 때문이다. 공의와 평화, 심판과 자비, 거룩과 사랑, 무한한 능력과 무한한 자비, 온 하늘 위에 높임을 받는 위엄과 낮고 낮은 데까지 굽히고 내려오시는 겸손, 이 모두가 서로 만나게 되며 서로 포옹하기 마련이다.

물론 고통을 안은 두려움, 즉 완전한 사랑에 의해 철저히 버림받은 두려움이 있다. 그러나 하늘에도 두려움이 있다. 모세와 어린양의 노래에서 그들은 다음과 같이 노래한다.

"주여 누가 주의 이름을 두려워하지 아니하며 영화롭게 하지 아니하오리이까" 계 15:4.

"보좌에서 음성이 나서 가로되 하나님의 종들 곧 그를 경외하는 너희들아 무론대소하고 다 우리 하나님께 찬송하라" 계 19:5.

기다리는 생활에 있어서 우리는 주 하나님의 영화롭고 두려운 이름을 경외하도록 하자.

천사들조차도 그 보좌 앞에서 얼굴을 가렸듯이 우리가 그분의 거룩하심 앞에서 거룩한 두려움과 경외함, 존경을 가지고 겸손히 자신을 낮추어 무릎을 꿇을수록 그 거룩하심이 우리에게 머물 것이요, 또한 우리의 영혼은 그분의 계시로 차고 넘칠 것이다. 즉 "이는 아무 육체라도 하나님 앞에서 자랑하지 못하게 하려 하심이라"고전 1:29는 진리를 터득할수록 그분의 영광을 볼 수 있게 될 것이다. 여호와의 눈은 그분을 경외하는 자를 향해 있는 법이다.

"그 인자하심을 바라는 자." 하나님을 두려워하는 마음은 우리를 소망에서 멀어지게 하는 것이 아니라, 오히려 그것을 조장하고 고무한다. 우리가 자신을 낮추면 낮출수록 그의 자비밖에는 바랄 것이 없다는 것을 더욱더 절감하기 마련이다. 우리가 자신을 낮추면 낮출수록 그만큼 하나님은 가까이 오시어 우리의 마음을 담대하게 하사 그분을 신뢰하게 하신다.

기다림의 훈련, 곧 하나님을 기다리는 우리의 모든 생활이 하나님의 자비와 같이 밝고 무한한 소망으로 가득 차게 하자. 하나님 아버지는 얼마나 친절하신지, 어떤 모습으로 아버지께 나아가든 우리는 확실하게 자비를 바랄 수 있다.

지금까지 하나님을 바라는 사람들에 대해 이야기했다. 이제는 우리가 바라는 하나님을 생각해 보자.

"여호와는 그 경외하는 자 곧 그 인자하심을 바라는 자를 살피사 저희 영혼을 사망에서 건지시며 저희를 기근 시에 살게 하시는도다." 사망과 기근의 위험을 미리 없애는 것이 아니라—물론 하나님을 바라도록 하는 데 이것이 필요한 때가 더러 있지만—건져 내어 살게 하시는 것이다.

종종 이 위험이 너무도 실제적으로 다가오기 때문에 경우에 따라서는 세속적인 삶이든 영적인 삶이든 상황이 절망적으로 보일 때가 있다. 이런 때 오직 한 가지 소망은 하나님이 그들을 살피신다는 말씀이다.

바로 이 눈이 위험을 살피사 떨며 기다리는 그분의 자녀를 사랑으로 감찰하시며, 우리의 마음이 축복을 받기에 적합한 순간을 포착하시고, 그 축복이 임해야 하는 길도 보고 계시는 것이다.

전능하고 살아 계신 하나님을 우리 모두 두려워하고 그분의 자비를 바라도록 하자! 우리 모두 겸손하고 담대하게 외치자. "우리 영혼이 여호와를 바람이여 저는 우리의 도움과 방패시로다 우리 마음이 저를 즐거워함이여 우리가 그 성호를 의지한 연고로다 여호와여 우리가 주께 바라는 대로 주의 인자하심을 우리에게 베푸소서."

이러한 하나님을 바라는 생활은 복되도다! 어떠한 곤경에 처하더라도 그 위험에 대처할 방패와 도움이 언제나 있는 것이다. 하나님의 자녀들이여, 하나님의 구원을 기다리고 또 보기 위해 전적인 포기와 무기력, 그리고 잠잠함 속에 내려앉는 법을 배우지 않겠는가?

더없이 캄캄한 영적 기근과 죽음이 판을 치는 요지경 속에서 그대들은 하나님을 기다리라! 그분이 구원해 주실 것이요 살게 해주실 것이니, 우리는 이것을 혼자만 알고 있을 것이 아니라 여러 사람에게 알릴 필요가 있다.

시편은 한 사람이 아니라 하나님의 백성에 대해 이야기하고 있지 않은가? "우리 영혼이 여호와를 바람이여 저는 우리의 도움과 방패시로다."

우리는 이 하나님을 기다리는 훈련에 있어서 서로를 격려하고 위로하는 가운데 "우리가 그를 기다렸으니 우리는 그 구원을 기뻐하며 즐거워하리라"사 25:9고 자신에게뿐 아니라 형제들에게도 말할 수 있어야 한다.

[나의 영혼이 잠잠히 하나님만 바람이여!
　　　　　　　　　　　W a i t i n g O n G o d]

chapter 11

인내하며
하나님을 바라라

"여호와 앞에 잠잠하고 참아 기다리라……여호와를 기대하는 자는 땅을 차지하리로다"
시 37:7, 9.

"너희의 인내로 너희 영혼을 얻으리라"눅 21:19. "너희에게 인내가 필요함은"히 10:36. "인내를 온전히 이루라 이는 너희로 온전하고 구비하여 조금도 부족함이 없게 하려 함이라"약 1:4. 성령님의 이러한 말씀은 그리스도인의 생활에 인내가 얼마나 중요한 요소인지를 보여 준다.

인내를 기르고 또 나타내는 데는 하나님을 기다리는 생활보다 더 좋은 것이 없다. 여기에서 우리가 얼마나 인내하지 못하는지, 인내하지 못함이 무엇을 의미하는지 알 수 있다. 우리는 때때로 우리를 방해하는 사람이나 환경 혹은 자기 자신에 대해, 그리고 그리스도인의 삶에 있어서 느린 신앙 성숙에 대해 인내하지 못한다고 고백한다.

하나님을 기다리는 생활을 하다 보면 하나님이 우리의 요구 사항을 즉시 응답해 주시지 않기 때문에 하나님을 기다리지 못한다는 것을 알게 될 것이다. 하나님을 기다리는 생활을 하다 보면 우리의 눈이 열려 그분의 지혜와 주권적인 뜻을 믿게 되고, 또한 이것에 대한 전적인 굴복을 빨리하면 할수록, 더욱더 철저하게 하면 할수록 분명히 축복을 받을 수 있다는 것을 알게 될 것이다.

> "그런즉 원하는 자로 말미암음도 아니요 달음박질하는 자로 말미암음도 아니요 오직 긍휼히 여기시는 하나님으로 말미암음이니라" 롬 9:16.

우리가 영적 생명을 창조해 낼 수 없듯이 우리는 인내를 우리 힘으로 증대하거나 강하게 할 수 없다. 우리는 "혈통으로나 육정으로나 사람의 뜻으로 나지 아니하고 오직 하나님께로서 난 자들" 요 1:13이다. 그러므로 우리의 원함이나 달음박질, 우리의 바람과 노력은 아무 쓸데없고 모든 것이 "긍휼히 여기시는 하나님으로 말미암는 것"이다. 영적 훈련과 성경 읽기, 기도, 우리의 자원함과 실천은 모두 큰 가치가 있다.

그러나 이 모든 것은 하나님을 바라보고 오직 하나님만을 의지하며, 인내하는 가운데 그분의 선한 때와 긍휼을 기다리도록 길을 가르쳐 주고 준비시키는 것 이상의 일은 할 수 없다. 이 기다림을 통해 우리는 전적으로 하나님의 위대한 역사에 의지하며 철저한 인내로 그분의 뜻에 우리 자신을 내어 맡기는 생활을 할 수 있는 것이다. 여호와를 기다리는 자는 그 땅을, 즉 약속된 땅과 축복을 유업으로 받을 것이다.

"여호와 앞에 잠잠하고 참아 기다리라." 인내를 수월하게 하는 것은 여호와 안에서, 그분의 뜻과 약속과 성실과 사랑 가운데 거하는 것이다. 그리고 그 안에 거하는 것은 오직 그분 앞에서 잠잠히 있어 침묵하는 것이다. 즉 우리의 모든 생각과 바람, 두려움과 소망을 모든 지식을 초월하는 하나님의 위대한 평화 속으로 침전시키는 것이다. 우리의 소망을 그분에게 이미 알렸기 때문에 어떤 것을 얻고 싶어할 때 이 위대한 평화가 마음과 정신을 안정시켜 준다.

인내의 필요성과 타당성과 축복은 기다리는 영혼에게만 열려질 것이다. 우리의 인내가 하나님의 인내와 똑같아 보일 수도 있다. 그분은 우리가 원하는 것 이상으로 전적으로 축복해 주고자 하신다. 그러나 농부가 곡식이 익을 때까지 오래 참고 기다리듯이 하나님은 우리의 게으름도 오래 참고 기다리신다. 이것을 기억하면서 인내하며 기다리자. 모든 약속과 기도 응답에 "때가 되면 나 여호와가 속히 이루리라"사 60:22고 하신 말씀은 언제나 적중한다.

"여호와 앞에 잠잠하고 참아 기다리라." 그렇다. 그분만을 기다리는 것이다. 도움과 은혜뿐 아니라 그분 자신을 구하라. 즉 그분을 기다려야 한다. 그분 안에 거함으로, 그분을 전적으로 의지함으로, 그분만을 참고 기다림으로 하나님께 영광을 돌려드리자.

이 인내가 하나님께 큰 영광이 되는 것이다. 이 인내가 하나님을 보좌에 앉아 계시게 하며, 그분의 일을 하시게 하는 것이다. 이 인내가 자아를 전적으로 그분의 손에 내어 맡기는 것이다. 즉 이 인내가 하나님으로 하여금 하나님 자신이 되게 하는 것이다.

무슨 특별한 소망이 있어 기다린다면 인내하며 기다리라. 당신의 기다림이 하나님을 더 알고 하나님을 더 소유하려는 영적 생활의 훈련이 된다면 인내하며 기다리라. 그것이 보다 짧은 특정 기간의 기다림이건 영혼의 지속적인 습관으로서의 기다림이건 여호와 안에 거하고 그 앞에서 잠잠하며 인내하며 기다리라.

"여호와를 기대하는 자는 땅을 차지하리로다."

[나의 영혼이 잠잠히 하나님만 바람이여!
Waiting On God]

chapter 12

그 도를 지키며
하나님을 바라라

"여호와를 바라고 그 도를 지키라 그리하면 너를 들어 땅을 차지하게 하실 것이라" 시 37:34.

우리는 꼭 만나고자 하는 사람을 찾으려 할 때 그가 있을 만한 장소나 길을 살핀다. 하나님을 기다릴 때 우리는 그분의 도를 지키는 것에 매우 유의해야 한다. 이 외에 달리 그분을 찾을 수 있는 길이 없기 때문이다.

"주께서 기쁘게 의를 행하는 자와 주의 길에서 주를 기억하는 자를
선대하시거늘" 사 64:5.

하나님의 길이 아니고서는 딴 곳에서 제아무리 애를 써도 하

나님을 찾을 수 없다. 하나님을 추구하고 인내하며 기다리는 자는 분명히 거기서 그분을 만날 수 있다. "여호와를 바라고 그 도를 지키라 그리하면 너를 들어 땅을 차지하게 하실 것이라."

"여호와를 바라고"(이것은 예배와 우리의 마음 자세와 관련 있다)와 "그 도를 지키라"(이것은 우리의 행동과 관련이 있다)는 두 명령은 매우 밀접한 관계가 있다. 외적 생활은 내적 생활과 마땅히 조화를 이루어야 하고, 내적 생활은 외적 생활을 고무하고 힘을 주는 것이어야 한다.

말씀으로 우리의 행동을 위한 길을 제시하시고, 우리의 마음 속에 그분의 은혜와 도우심에 대한 확신을 불러일으키시는 분은 바로 하나님이시다. 우리가 그의 길을 지켜 행하지 못한다면 그를 바라는 생활에 아무런 축복도 따르지 않을 것이다. 하나님의 모든 뜻에 전적으로 순종하는 것만이 하나님과의 교제에서 오는 모든 축복을 받을 수 있는 비결이다.

이것이 본 시편에 얼마나 강조되고 있는지 주목하라. 자기 멋대로 잘 살아가는 악한 자를 얘기하면서 믿는 자는 이런 것을 보고 불평하지 말라고 경고하고 있다. 주위 사람들은 하나님의 길을 버리고도 행복하게 잘 살아가는데, 우리는 어려움과 고통을 겪을 때 어떻게 이런 이상한 일이 생길 수 있을까 하고 불평하며 이들을 본받아 잘 살아보려고 하는 위험에 직면하게 된다.

그러나 시편은 말한다.

"불평하여 하지 말며……여호와를 의뢰하여 선을 행하라……여호와 앞에 잠잠하고 참아 기다리라……분을 그치고 노를 버리라……악에서 떠나 선을 행하라……여호와께서……그 성도를 버리지 아니하심이로다……의인이 땅을 차지함이여……그 마음에는 하나님의 법이 있으니 그 걸음에 실족함이 없으리로다" 시 37:1-31.

그러고 나서 "여호와를 바라고 그 도를 지키라"-이 말은 시편에 세 번 나온다-는 말씀이 나온다.

하나님이 우리에게 명령하시는 것을 행하라. 그러면 하나님은 우리가 요구하는 것 이상으로 행하실 것이다.

어느 누구도 "나는 그분의 도를 지킬 수 없다."고 두려워하지 말자. 우리에게서 모든 확신을 앗아 가는 것은 바로 두려움이다. 그분의 모든 도를 지킬 힘이 없는 것은 사실이다. 그러나 당신이 이미 받은 힘으로 지킬 수 있는 것들을 신중히 지키라.

하나님의 모든 도를 지키기 위해 자신을 기꺼이 내어 맡기라. 그분을 기다리는 중에 힘이 솟아날 것이다. 조금도 지체하거나 의심하지 말고 자신을 전폭적으로 하나님께 내어 맡기라. 그분이 하나님이심을 당신에게 입증해 주시고, 예수 그리스도를 통해 그분이 기뻐하시는 바를 당신 안에서 행하실 것이다.

말씀에 있는 대로 하나님의 도를 지키라. 항상 올바른 것만 행하면서 만물이 가르치는 대로 그분의 도를 지키라. 성령께서 제시하는 대로 그분의 도를 지키라. 하나님의 섭리가 보여 주는 대로 그분의 도를 지키라.

하나님의 길로 기꺼이 가지 않으면서 하나님을 기다릴 생각은 아예 하지도 말라. 아무리 힘이 없어도 기꺼이 따르겠다는 마음을 가지라. 자신의 뜻대로 일해 오신 그분은 그분의 능력으로 행하게 하실 것이다.

"여호와를 바라고 그 도를 지키라." 우리의 죄와 잘못을 생각해 보면 본문이 하나님을 기다리는 생활에 도움이 되는 것이 아니라 방해가 되는 것처럼 보일 수도 있다. 그러나 사실은 그렇지 않다. 이 기다림의 출발점과 기초는 철두철미한 무력함이라고 여러 번 얘기하지 않았던가? 당신이 자신에게 있다고 느끼는 모든 악한 것들, 생각하고 싶지 않은 모든 기억들, 부주의함, 불신실함, 그리고 이런 자책을 계속하게끔 하는 것들이 왜 없겠는가?

전지전능하신 하나님께 우리의 능력을 내어 맡기고 그분의 구원을 기다리도록 하자. 당신이 실패해 온 이유는 오직 한 가지다.

그것은 당신 스스로의 힘으로 극복하고 복종하려 했기 때문이다. 하나님 앞에 나아와 무릎을 꿇고 그분만이 선하고 그분만이 선한 일을 하시는 하나님이라는 것을 깨닫도록 하자. 당신과 당신의 본성이 할 수 있는 모든 것에는 진정한 힘이 없다는 것을 믿도록 하라.

항상 하나님의 크신 은혜와 생명의 역사를 기쁘게 받아들이라. 이렇게 될 때 하나님을 기다리는 생활은 하나님의 길을 달려가도 곤비치 않고 그의 길을 걸어가도 피곤치 않는 새로운 힘이 될 것이다. "여호와를 바라고 그 도를 지키라"는 말씀은 명령이자 약속이다.

[**나**의 영혼이 잠잠히 하나님만 바람이여!
　　　　　Waiting On God　　]

chapter 13

우리의 지식을 접고 하나님을 바라라

"주여 내가 무엇을 바라리요 나의 소망은 주께 있나이다 나를 모든 죄과에서 건지시며"
시 39:7-8.

우리가 무엇을 바라고 있는지 모르는 때가 있다. 어떤 때는 알고 있다고 생각되는 때도 있고, 또 마땅히 구해야 할 것을 알지 못하고 있다는 것을 깨달아야 할 때도 있다. 하나님은 우리가 구하고 생각하는 것 이상으로 넘치게 채워 주실 수 있는 분인데도 우리의 기도와 소망을 자신의 생각에 국한시킴으로 하나님을 제한하는 위험에 직면하게 된다.

가끔 시편 기자처럼 "주여, 내가 무엇을 바라리요?" 하고 스스로 질문해 볼 필요가 있다. 나는 아는 것도 말할 수 있는 것도 없다. 내가 말할 수 있는 것은 이것뿐이다. "나의 소망은 주께 있나이다."

우리는 이스라엘 백성에게서 하나님을 제한하는 모습을 볼 수 있다. 모세가 광야에서 그들에게 고기를 주겠다고 약속했을 때 그들은 의심하며 투덜댔다.

> "하나님이 광야에서 능히 식탁을 준비하시랴 저가 반석을 쳐서 물을 내시매 시내가 넘쳤거니와 또 능히 떡을 주시며 그 백성을 위하여 고기를 예비하시랴" 시 78:19-20.

하나님이 사막에 개울을 내실 것을 믿느냐고 물었으면 그렇다고 대답했을 것이다. 실제로 하나님이 전에도 그렇게 하셨으니 그거야 또 한 번 하실 수도 있을 것이라고 생각했지만, 그 외의 새로운 일을 하나님이 하실 수 있을 것인가 하는 문제에 부닥쳤을 때 그들은 하나님을 제한했다. 그들의 기대란 과거 경험, 자신들의 생각으로 가능한 것 이상을 벗어날 수 없었다.

마찬가지로, 우리도 하나님이 약속하신 것이나 앞으로 하실 일에 대해서 우리의 생각으로 하나님을 제한할 수 있다. 이스라엘의 거룩한 하나님을 우리의 기도로 제한하지 말라. 하나님의 약속에는 하늘의 뜻이 담겨 있으며, 우리가 생각하는 것보다 훨씬 더 무한한 의미가 있다는 것을 확실히 믿도록 하자. 그러므로 하나님을 기다리는 생활을 습관화하도록 하자. 이것은 우리가 필요하다고 생각하는 것을 기다리는 것이 아니라, 하나님의 은혜와 능력이 우리를 위해 준비해 놓은 모든 것을 기다리는 것이어야 한다.

모든 진실된 기도에는 두 마음이 작용한다. 그 하나는 우리가 필요로 하는 것과 하나님이 하실 수 있는 일에 대한 어둡고 협소하고 인간적인 생각을 가진 우리의 마음이고, 다른 하나는 무한한 하늘의 축복을 담은 하나님의 위대한 마음이다.

이들 중에 어느 편에 비중을 두고 하나님께 접근해야겠는가? 물론 하나님의 마음이다. 모든 것은 이것을 알고 여기에 마음을 두기에 달려 있다. 그러나 우리는 얼마나 이것을 소홀히 하고 있는가? 이것이 바로 하나님을 바라는 생활이 우리에게 주는 교훈이다.

하나님의 위대한 사랑과 구속을 이러한 의미에서 생각해 보도록 하라. 하나님이 당신을 위해 하시고자 하는 것을 조금도 이해하지 못함을 고백하라. 그리고 기도할 때마다 "주여, 내가 무엇을 바라리요?"라고 말하라. 하나님은 당신의 마음을 아시고 줄 것을 준비하고 계신다. 우리의 생각과 구하는 바 이상으로 행하시는 하나님을 기다리라.

이것을 "나를 모든 죄과에서 건지시며"라는 기도에 적용시켜 보자. 우리는 분냄, 교만 또는 고집에서 해방되기를 기도해 왔으나 이것이 모두 허사로 여겨질 때가 있다. 이것은 모두 우리의 생각으로 하나님의 방법과 성취하심을 제한한 나머지 그분의 영광의 부요에 따라 인간들이 마음으로도 생각하지 못한 것을 행하시는 영광의 하나님을 기다리지 않기 때문이 아니겠는가?

이적을 행하시며 초자연적이고 신령한 일을 행하실 수 있다는 것을 우리에게 보여 주고자 하시는 하나님을 경배하는 것을 배우라.

우리가 이 신령하고 전능한 거장의 손에 있다는 것을 깨달을 때까지 하나님 앞에 머리 숙이고 그분을 기다리라. 그분이 행하실 일과 방법을 그대로 믿고 따르기만 하면 된다. 겸손히 기다려서 하나님의 능력으로만 받을 수 있는 거룩한 것을 기대하라. "주여 내가 무엇을 바라리요 나의 소망은 주께 있나이다" 하는 기도가 우리의 모든 바람과 기도의 정신이 되어야겠다. 때가 되면 하나님이 일을 이루실 것이다.

사랑하는 자여, 당신이 무엇을 바라는지 모르기 때문에 하나님을 기다리는 것이 가끔 싫증날 때도 있을 것이다. 그러나 이 무지가 좋은 표징이 될 때도 있으니 용기를 내라. 하나님은 그대가 모든 것을 하나님 손에 맡기고 그분만을 기다리라고 가르치신다.

"강하고 담대하라 여호와를 바라는 너희들아" 시 31:24.

[나의 영혼이 잠잠히 하나님만 바람이여!
　　　　　　　　　Waiting On God]

chapter 14

새 노래를 위해
하나님을 바라라

"내가 여호와를 기다리고 기다렸더니 귀를 기울이사 나의 부르짖음을 들으셨도다 나를 기가 막힐 웅덩이와 수렁에서 끌어올리시고 내 발을 반석 위에 두사 내 걸음을 견고케 하셨도다 새 노래 곧 우리 하나님께 올릴 찬송을 내 입에 두셨으니" 시 40:1-3.

　인내로 기다린 확고하고 복된 결과를 체험한 사람의 증거에 귀 기울여 보자. 진정한 인내란, 우리의 자신만만함에 비추어 볼 때 생소한 것이지만, 하나님을 기다리는 생활에는 매우 필수적이며 진정한 믿음의 기본 요소이므로 다시 한번 이에 대해 하나님의 말씀이 가르치는 바를 생각할 필요가 있다.

　'인내' 라는 말은 고통을 의미하는 라틴어에서 파생된 것이다. 빠져 나오고 싶은 어떤 힘의 압박을 받고 있다는 의미이다. 이때 우리는 우리의 의지에 거슬리지만 굴복하는 것이다. 저항할 수 없을 때는 인내만이 가장 현명한 처사라는 것을 우리는 경험에 비추어 잘 알고 있다. 하나님을 기다리는 생활에 있어서 무엇보다 중요한 것은 할 수 없어서 굴복하는 것뿐 아니라, 즐겁고 기꺼운 마음으로 자원해서 복되신 아버지의 손에 들어가고자 하는 것이다. 이렇게 될 때 인내는 최고의 축복과 은혜가 된다.

이것은 하나님을 존귀케 하는 것이고, 우리를 통해 그분의 길을 펼칠 시간을 드리는 것이다. 그분의 선하심과 신실하심에 대한 우리 믿음의 지고한 표현이기도 하다. 이것은 하나님이 자신의 일을 진행하고 계신다는 확신 속에서 우리 영혼이 완전하게 쉴 수 있게 한다. 또한 하나님이 최상으로 여기는 시간과 방법에 따라 우리 일을 다루시는 것이 마땅하다는 전적인 동의의 표시이기도 하다. 진정한 인내란 하나님의 완전한 뜻 안에서 우리의 의지를 포기하는 것이다.

이러한 인내는 하나님을 진정으로, 그리고 전적으로 기다리는 생활에 필요하다. 이러한 인내는 기다리는 생활의 첫 열매이다. 많은 사람들에게는 하나님을 진정으로 기다리는 것이 참으로 어렵게 느껴질 것이다. 하나님 앞에서 자신의 무력함을 느끼고 하나님이 하나님 자신을 계시해 주실 것을 기다리는 영혼의 위대한 침묵, 하나님이 뜻하시고 행하시는 것 외에 우리의 뜻이나 힘으로 무엇인가 하는 것을 두려워하는 깊은 겸손, 하나님이 주시는 것 외에는 아무것도 알지 않으려는 온유, "하나님의 거룩한 뜻대로 빚어지는 그릇이 되고자 할 뿐입니다." 하고 자신의 의지를 전적으로 포기하는 것, 이 모두는 완전한 인내의 요소로 단번에 다 체득하기는 힘들다.

그러나 영혼이 제자리를 유지하고 "나의 영혼이 잠잠히 하나님만 바람이여 나의 구원이 그에게서 나는도다 오직 저만 나의 반석이시요 나의 구원이시오"시 62:1-2라는 고백을 계속할 때 이것들은 차례차례 우리의 몫이 될 수 있다.

당신은 바울의 "그 영광의 힘을 좇아 모든 능력으로 능하게 하시며 기쁨으로 모든 견딤과 오래 참음에 이르게 하시고"골 1:11라는 말씀 가운데서 인내가 우리에게 주어지는 은혜 중 특별한 은혜라는 것을 알아채지 못했는가? 그렇다. 우리가 인내하며 하나님을 기다리려면 하나님의 영광스러운 힘을 좇아 하나님의 모든 능력으로 힘을 얻어야만 한다.

완전한 인내로 모든 것을 하나님의 손에 내어 맡기게 하는 것은, 우리 안에 생명과 힘으로 자신을 계시하시는 하나님 자신이다. 우리 중에 이러한 인내가 없으니 실망하지 않을 수 없다고 말하는 자가 있을지 모르지만 이런 사람도 용기를 내도록 하라. 하나님이 자신의 은밀한 능력으로 우리에게 힘 주시고 우리 안에 성도의 인내, 아니 그리스도 자신의 인내를 이루시는 것은 이 약하고 매우 불완전한 기다림의 생활 속에서이다.

가혹한 시련을 받은 자의 음성에 귀를 기울여 보자.

> "내가 여호와를 기다리고 기다렸더니 귀를 기울이사 나의 부르짖음을 들으셨도다" 시 40:1.

그가 계속해서 말하는 것을 들어 보자.

> "나를 기가 막힐 웅덩이와 수렁에서 끌어올리시고 내 발을 반석 위에 두사 내 걸음을 견고케 하셨도다 새 노래 곧 우리 하나님께 올릴 찬송을 내 입에 두셨으니 많은 사람이 보고 두려워하여 여호와를 의지하리로다" 시 40:2-3.

하나님을 기다리는 인내는 풍성한 보상을 가져온다. 즉 구원은 확실하고, 하나님이 친히 당신의 입으로 새 노래를 부를 수 있도록 해주실 것이다.

오, 형제들이여, 기도나 예배에서든, 특정 요구에 대한 지연에서든, 보다 더 깊은 영적 생활을 위해 하나님이 자신을 좀 더 나타내 보여 주셨으면 하는 바람의 성취에서든, 기다리는 것이 어렵다는 것을 알았을 때 조급해 하지 말라. 두려워 말고 오직 여호와 안에 거하면서 참고 기다리라.

그리고 인내가 당신에게 주어진 은혜의 선물이 아닌 것 같아 보일 때가 종종 있을 것이다. 그럴 때마다 당신은 이것이 하나님의 은사라는 것을 꼭 기억하면서 "주께서 너희 마음을 인도하여 하나님의 사랑과 그리스도의 인내에 들어가게 하시기를 원하노라"살후 3:5 하는 기도를 되새겨 보라. 당신이 하나님을 기다리는 생활에 필요한 그 인내 속으로 하나님이 친히 당신을 안내하실 것이다.

[**나의 영혼이 잠잠히 하나님만 바람이여!**
W a i t i n g O n G o d]

chapter 15

가르침을 기다리며
하나님을 바라라

"저희가 미구에 그 행사를 잊어버리며 그 가르침을 기다리지 아니하고" 시 106:13.

이것은 하나님의 백성이 광야에서 범한 죄를 두고 한 얘기다. 하나님은 놀라운 방법으로 그들을 구해 내셨으며, 놀라운 방법으로 그들의 필요를 공급해 주실 준비를 하고 계셨다. 그러나 정작 필요한 때가 닥쳤을 때 그들은 "그 가르침을 기다리지 아니하고" 말했던 것이다. 전능하신 하나님이 자신들의 인도자요 공급자이심을 생각하지 않고 그분의 계획하신 뜻이 무엇인가를 묻지 않았다. 그저 자신들의 마음대로 생각하고, 불신앙으로 하나님의 진노를 유발하고 만 것이다.

그들은 "그 가르침을 기다리지" 않았다. 이것은 하나님의 백성이 대를 이어 가며 범했던 죄이기도 하다! 여호수아 시대에 가나안 땅에서 벌어진 세 가지 실수도 이 한 가지 죄 때문에 일어났다. 아이 성을 공격할 때나, 기브온 사람들과 계약을 맺을 때나, 가나안 전 영토를 점령하지 않고 정착하려고 할 때 그들은 하나님의 가르침을 기다리지 않았다.

마찬가지로, 독실한 신앙인이라 할지라도 이 교묘한 유혹에 빠질 위험이 있다. 즉 하나님의 말씀과 생각을 자기 생각대로 처리해 버리고 그분의 가르침을 기다리지 않는 것이다. 우리는 이러한 경고를 귀담아 듣고 이스라엘 백성의 경험을 교훈으로 삼아야겠다. 여기서 주의할 점은 이것은 개인만이 범할 위험이 있는 것이 아니라, 하나님의 백성이라는 집단으로서도 쉽게 범할 위험이 있다는 점이다.

우리와 하나님과의 모든 관계는 하나님의 뜻이 하늘에서 이루어지는 것같이 우리 안에서, 우리로 말미암아 이루어진다는 데 근거하고 있다. 그분은 모든 진리의 안내자인 성령을 통해 자신의 뜻을 우리에게 알려 주시겠다고 약속하셨다.

그러므로 우리가 취할 입장은 우리의 생각과 행동의 유일한 안내자로서 하나님의 가르침만을 기다리는 것이다. 교회 예배, 기도회, 집회, 당회, 제직회, 그 밖에 어떤 모임에서건 우리의 첫 목표는 하나님의 마음을 살피는 것이어야 한다.

하나님은 항상 자신의 뜻에 따라 일하신다. 하나님의 뜻을 추구하고 발견하여 존귀히 여기면 여길수록, 하나님은 더 확고하고 강력하게 우리를 위해서 그리고 우리를 통해서 자신의 일을 하시기 마련이다.

모든 모임이 빠지기 쉬운 크나큰 위험이 있다. 그것은 우리가 하나님의 인도하심을 체험했으며, 성경이 있고 건전한 교리가 있고 언제나 하나님의 뜻을 정직하게 행하려고 한다는 자부심으로 이런 것들을 더 의지하는 나머지, 매걸음마다 우리가 하늘의 인도를 받아야 하고, 필요로 한다는 것을 깨닫지 못하는 것이다. 우리가 아직 모르고 있는 하나님의 뜻, 말씀의 적용, 친밀한 임재의 체험과 하나님의 인도하심, 성령의 능력이 얼마든지 더 있을 수 있는 법이다.

하나님은 이 모든 것을 전적으로 하나님의 방법으로 하시게 하며, 이것을 알려 주시기까지 기꺼이 인내하며 기다리는 자에게 활짝 열어 보여 주실 만반의 준비를 다 갖추고 계신다. 하나님이 행하신 위대한 모든 일과 가르침을 찬양하려고 함께 모였을 때 우리는 더 큰 것을 기대하지 않음으로 하나님을 제한할 수가 있다.

하나님이 바위에서 물을 주셨을 때 이스라엘 백성은 하나님께 빵을 기대하지 않았다. 하나님이 여리고를 여호수아의 손에 붙이셨을 때 여호수아는 아이 성에 대한 승리를 확신하여 하나님의 가르침을 기다리지 않았다. 이와 마찬가지로 우리도 하나님의 능력을 알고 믿고 있다 하면서도, 그분께 충분한 시간을 드리지 않고, 그분의 가르침을 기다리는 습관을 확실하게 기르지 않아서 오히려 하나님을 방해할 수도 있는 것이다.

하나님의 종으로서 하나님을 기다리는 것을 가르치는 것보다 더 엄숙한 임무는 없을 것이다. 고넬료의 집에서 베드로가 이 말을 할 때에 성령이 말씀 듣는 사람에게 내려오시게 된 이유는 무엇이었는가? 그들이 "이제 우리는 주께서 당신에게 명하신 모든 것을 듣고자 하여 다 하나님 앞에 있나이다." 하고 대답했기 때문이다. 우리가 하나님의 진리를 듣겠다고 앉아 있어도 영적 수확이 적은 이유는 하나님의 가르침을 기다리지 않기 때문이다.

마찬가지로 모든 집회를 통해 하나님이 마련하신 것과 우리의 마음이 생각하지 못하는 것을 성령의 도움으로 알려면, 마땅히 성령을 하나님의 성도의 안내자요 교사로 믿을 필요가 있다.

"그들은 하나님의 가르침을 기다리지 않았다."는 비난을 받지 않으려면, 하나님의 임재를 깨닫기 위한 영혼의 보다 많은 침묵, 하나님의 크신 계획에 대한 무지의 보다 깊은 인식, 하나님이 우리에게 지금보다도 더 큰 일을 보여 주시고 스스로 새로운 영광으로 드러나실 것에 대한 확실한 믿음, 이 모든 것이 하나님의 성도들의 집회의 표지여야 한다.

[나의 영혼이 잠잠히 하나님만 바람이여!
　　　　　　　Waiting On God]

chapter 16

그 빛을 위해
하나님을 바라라

"나 곧 내 영혼이 여호와를 기다리며 내가 그 말씀을 바라는도다 파숫군이 아침을 기다림보다 내 영혼이 주를 더 기다리나니 참으로 파숫군의 아침을 기다림보다 더하도다" 시 130:5-6.

아침 해가 솟아오르기를 기다리는 사람들의 마음은 얼마나 간절하겠는가? 파선된 배의 선원들, 위험한 지역을 여행하다 밤을 만난 여행자들, 적의 포위를 당한 군대의 경우에 더욱 그러할 것이다. 아침 해는 그러한 상황에서 벗어날 수 있다는 희망을 준다. 아침이 생명과 자유를 가져올지도 모른다.

흑암에 있는 하나님의 성도들도 아침을 기다리는 파수꾼보다 더 간절한 마음으로 하나님의 얼굴 빛을 애타게 기다리고 있다. "파수꾼이 아침을 기다림보다 내 영혼이 주를 더 기다리나이다." 우리도 이런 말을 할 수 있겠는가? 하나님을 기다리는 생활에 있어서 하나님의 빛이 우리 위에, 우리 안에, 우리를 통해서 종일 비춰 주기를 기다리는 것보다 더 높은 목표는 있을 수 없다.

하나님은 빛이시며 태양이시다. 바울은 "하나님께서……빛을 우리 마음에 비춰셨느니라"고후 4:6고 말한다. 무슨 빛을 비추셨는가? "예수 그리스도의 얼굴에 있는 하나님의 영광을 아는 빛"고후 4:6이다.

태양이 생명을 주는 그 아름다운 햇살을 이 지상에 보내듯이, 하나님은 그의 아들 예수 그리스도 안에서 영광의 빛, 사랑의 빛을 우리에게 비춰 주시는 것이다. 우리의 마음은 원래 이 빛을 받아 종일 기뻐하게끔 되어 있다. 우리의 마음이 이 빛을 받을 수 있는 것은 하나님이 우리의 태양이시고 또 "다시는 네 해가 지지 아니하며"사 60:20라고 기록되어 있기 때문이다. 하나님의 사랑은 끊임없이 우리에게 비춰 오고 있다.

그러나 우리는 정말 이것을 날마다 즐길 수 있는가? 물론이다. 그렇다면 어떻게 가능한가? 자연에서 그 대답을 얻을 수 있다.

저 아름다운 꽃과 나무들을 보라. 태양 빛을 받기 위해 그것들은 무엇을 하고 있는가? 아무것도 하는 일이 없다. 그저 햇빛이 와 닿을 때 그것을 즐길 뿐이다. 태양은 수억 만 리 밖에 있지만 조그만 꽃 한 송이는 그저 얼굴을 쳐들고 그 먼 거리에서 오는 빛을, 이 기쁨의 햇살의 축복을 받아들이기만 하면 되는 것이다. 우리는 우리의 일상적인 일에 필요한 빛을 스스로 관리할 수 없다. 태양이 스스로 관리하고 준비하며 온종일 우리 주위를 비춰 줄 뿐이다. 우리는 단지 이것에 의지하여 받아들이고 즐기면 된다.

자연과 은혜의 차이점은, 꽃과 나무들은 무의식적으로 빛의 축복을 받지만 우리는 자발적으로 사랑하는 마음으로 받아들인다는 것이다. 믿음, 즉 하나님의 말씀과 사랑에 대한 단순한 믿음이란, 우리의 눈을 뜨고 마음을 열어 이루 말할 수 없는 하나님의 은혜의 영광을 받아 누리는 것이다. 마치 산천 초목이 날이면 날마다 달이면 달마다 태양이 어떤 빛을 보내든지 이 빛을 받아 자라고 열매를 맺듯이, 하나님의 빛 가운데 거하며 그분으로 하여금, 그 빛으로 하여금, 생명과 그 밝은 빛으로 우리를 가득 채우게 하는 것이 그리스도인 생활의 지고한 자세이다.

정말 자연스럽게 마음껏 아침 햇살을 느끼고 즐거워하듯이 온종일 하나님의 빛을 즐거워할 수 있느냐고 묻는다면 물론이라고 답할 수 있다.

아침에 식탁에 앉으면 저 멀리 나무와 포도밭과 산이 있는 아름다운 계곡이 보인다. 봄과 가을에 비치는 아침 햇살은 절묘하며, 그것을 본 우리는 "이 얼마나 아름다운가!" 하고 감탄해 마지 않는다. 이런 때 "날마다 이런 기쁨과 아름다움을 가져오는 것은 이 태양 빛뿐인가? 하나님의 빛도 역시 이런 끊임없는 기쁨과 즐거움의 근원이 될 수는 없는가?" 하고 질문하게 된다. 물론 가능한 말이다. 오직 우리 영혼이 하나님 앞에 잠잠하고 그를 기다리는 가운데 하나님만이 빛을 발하시게 하는 경우에 있어서 말이다.

오, 형제여! 아침을 기다리는 파수꾼보다도 더 여호와를 기다리는 것을 배우라! 그대 속에 어둠이 있을지도 모른다. 그러나 바로 이것이 하나님의 빛을 기다리는 최선의 이유가 될 수 있지 않겠는가? 그 빛은 나타나자마자 바로 이 어두움을 드러내고 죄인인 당신을 겸손하게 하기에 충분하다. 이것을 믿는가? 지금이라도 하나님 앞에 잠잠히 무릎을 꿇고 당신에게 빛을 주시기를 기다리라. 겸손한 믿음으로 하나님은 빛이시요, 태양 빛보다 무한히 더 밝고 아름다운 빛이시라는 것을 인정하라.

하나님은 빛이시다. 성부 하나님은 영원하고, 누구도 가까이할 수 없으며, 이해할 수 없는 빛이시다. 성자 하나님은 육체로 우리에게 나타나신 빛이시다. 성령 하나님은 우리 마음에 거하시며,

우리를 비춰 주시는 빛이시다. 하나님은 빛이시고 내 마음을 지금 비춰 주고 계신다. 나는 그동안 내 생각과 노력의 초라한 불빛에 집착한 나머지 마음 문을 열어 제치고 그분의 빛을 받아들이지 못했다. 불신앙이 이것을 내쫓고 만 것이다. 빛 되신 하나님이 내 마음을 비추고 계시다는 사실에 믿음으로 고개를 숙인다.

바울이 "하나님께서……빛을 우리 마음에 비취셨느니라"고 할 때의 하나님이 나의 하나님인 것이다. 빛을 비추지 않는 태양을 상상할 수 있겠는가? 빛을 비춰 주시지 않는 하나님을 상상할 수 있겠는가?

아니다. 하나님은 빛을 비춰 주신다! 하나님은 빛이시다! 나는 여유 있게 잠잠히 기다리며 하나님의 빛 안에 거하기만 하면 된다. 내 눈이 희미하고 창문이 흐려도 이 빛이 내게 비쳐 나를 환하게 할 때까지 나는 여호와를 기다릴 것이다. 그리고 온종일 이 하나님의 빛과 즐거움 가운데 걷는 법을 배우겠다. 내 영혼이 아침을 기다리는 파수꾼보다 더 여호와를 기다림이여!

[나의 영혼이 잠잠히 하나님만 바람이여!
　　　　　　　　　　　　　W a i t i n g O n G o d]

chapter 17

흑암 중에도
하나님을 바라라

"이제 야곱 집에 대하여 낯을 가리우시는 여호와를 나는 기다리며 그를 바라보리라" 사 8:17.

여기서 하나님의 종은 얼굴을 숨기신 하나님을 기다리고 있다. 그는 자신을 위해서가 아니라 그의 백성을 위해서 하나님을 기다리고 있다. 여기서 배울 수 있는 것은 하나님을 기다리는 생활이 처음에는 우리의 개인적 요구, 하나님이 자신을 좀 더 계시해 주셨으면 하는 바람, 사사로운 기도에 대한 응답 같은 것으로부터 시작되지만 거기에서 멈춰서는 안 된다는 점이다. 우리는 하나님의 얼굴 빛을 충분히 받고 살아가지만, 주위 사람들에게는 하나님이 얼굴을 숨기고 계실 수도 있다.

이런 경우에 우리는 그들이 죄의 결과로 벌을 받는 것이라고 생각하거나 그들의 무관심의 결과라는 식으로 만족해 할 것이 아니라, 온유한 마음으로 그들의 슬픈 처지를 생각하고 그들을 위해 하나님을 기다려야 할 소명이 있다. 하나님을 기다리는 생활의 특권 중에는 이 위대한 책임을 지는 일도 포함되어 있다.

그리스도께서도 하나님 앞에 가시자마자 그 특권과 영광의 자리를 이용해 중보자 역할을 하셨듯이, 하나님 앞에 나아가 기다리는 생활의 참 의의를 아는 우리라면 마땅히 우리의 특권을 사용하여 불쌍한 이웃을 위해 나아가야 할 것이다. "야곱 집에 대하여 낯을 가리우시는 여호와를 나는 기다리며."

당신은 교회에 소속되어 예배를 드린다. 그런데도 설교나 교제에서 기대했던 영적 생활이나 기쁨을 발견하지 못할 수도 있다. 여러 부서의 일을 맡아 봉사를 한다. 그러나 온통 잘못투성이고 세속적이며 인간의 지혜와 문화를 따라가고 세상의 규례와 법도를 의지할 뿐이라서 하나님이 여러 면에서 자신의 얼굴을 감추시는 것을, 회개하는 능력과 진정한 교훈이 전혀 없는 것을 이상하게 여기지 않는다.

당신이 속한 여러 기독교 활동, 즉 주일 학교, 성경 공부, 청소

년 단체, 해외 선교회 등이 있다. 그러나 그 안에 계신 성령의 활동이 미약해서 하나님이 자신의 얼굴을 감추시는 것처럼 보인다. 당신은 그 이유를 잘 알고 있다. 사람과 돈에 대한 과잉 신뢰, 지나친 허례허식, 믿음과 기도의 결핍, 사랑과 겸손의 부족, 십자가에 못 박혀 죽으신 예수님의 정신의 부재 때문이다. 당신은 때때로 모든 것이 절망적이요, 아무것도 소용없는 것처럼 생각하게 된다.

하나님은 도와주실 수 있고 또 도와주실 것을 믿으라. 선지자의 말을 음미하며 그의 정신을 터득하도록 하라. 그리고 잘못된 길을 가는 자녀들을 대신해서 하나님을 기다려 보라. 심판이나 저주, 낙담이나 실망의 빛을 보이기보다 이들을 위해 하나님을 기다려야 하는 당신의 소명을 자각하라. 남들이 이 일에 실패하거든 곱절의 노력을 쏟아 보라.

흑암이 깊으면 깊을수록 유일한 구원자에게 부르짖어야 할 필요성은 그만큼 절박한 것이다. 가난하고 비참하며 눈먼 것을 알지 못하는 자만심이 크면 클수록, 악을 알아차리고 유일한 도움이신 하나님을 가까이하며 하나님을 기다리라는 부름이 더욱 긴박해진다. 깊은 탄식을 하고픈 유혹이 올 때마다 "이제 야곱 집에 대하여 낯을 가리우시는 여호와를 나는 기다린다."라고 말하라.

문제는 여기서 그치지 않고 더욱 번져 간다. 즉 전 세계에 흩어져 있는 기독교회를 생각해 보라. 그리스 정교회, 로마 가톨릭, 개신교, 그리고 여기에 속한 수많은 사람들의 처지를 생각해 보라. 아니면 누구나 볼 수 있는 성경과 정통 교리를 가진 개신교만이라도 생각해 보라. 얼마나 유명무실과 허례허식이 판을 치고 있는가! 바로 하나님의 성전에서 육신과 인간의 법칙이 판을 치고 있지 않은가! 이것은 하나님이 자신의 얼굴을 숨기고 있다는 얼마나 풍부한 증거인가!

이것을 보고 애통해 하는 자들의 할 일은 무엇인가? 먼저 할 일은 '야곱 집에 대하여 낯을 가리우시는 여호와를 기다리는 것'이다.

우리 모두 하나님의 백성의 죄를 겸손히 고백하면서 하나님을 기다리자. 시간을 들여 하나님을 기다리자. 고백하면서 하나님을 기다리자. 우리는 모든 성도의 생활과 가르침이 얼마나 그르든 간에 그들을 위해 온유와 사랑으로 중재하는 마음으로 기도하며 하나님을 기다리자. 우리 모두 하나님이 들어주시겠다는 증거를 보여 주실 때까지 믿음과 소망 가운데 하나님을 기다리

자. 우리 자신을 하나님께 드리고, 우리를 형제들에게 보내 주시기를 간절히 기도하면서 하나님을 기다리자. 우리 모두 기다리며 시온이 이 지상의 기쁨이 되게 하시기까지는 그분이 쉴 틈이 없도록 하자.

그렇다. 우리 모두 여호와 안에 거하면서 현재 많은 자녀들에게 얼굴을 감추시는 그분을 인내하며 기다리자. 그리고 하나님의 얼굴 빛을 백성 모두에게 비춰 주실 것을 기다리자.

"나 곧 내 영혼이 여호와를 기다리며 내가 그 말씀을 바라는도다 파숫군이 아침을 기다림보다 내 영혼이 주를 더 기다리나니 참으로 파숫군의 아침을 기다림보다 더하도다" 시 130:5-6.

[나의 영혼이 잠잠히 하나님만 바람이여!
Waiting On God]

chapter 18

그분을 드러내기 위해
하나님을 바라라

"그날에 말하기를 이는 우리의 하나님이시라 우리가 그를 기다렸으니 그가 우리를 구원하시리로다 이는 여호와시라 우리가 그를 기다렸으니 우리는 그 구원을 기뻐하며 즐거워하리라 할 것이며" 사 25:9.

　이 본문에는 두 가지 귀한 사상이 담겨 있다. 한 가지는 하나님의 백성이 연합하여 하나님을 기다려 왔다는 점이고, 다른 한 가지는 그들이 기다린 결과로 하나님이 자신을 계시해 주셨으며 "이는 우리의 하나님이시라……이는 여호와시라"고 즐거이 노래할 수 있었다는 점이다. 연합하여 하나님을 기다리는 것의 위력과 축복을 우리는 배워야 할 것이다.
　"우리가 그를 기다렸으니" 하고 두 번이나 되풀이하고 있는 점에 유의하자. 곤경이 닥쳐오자 하나님의 백성은 합심하여 인간의 모든 도움이나 소망을 버리고 한마음으로 자기들의 하나님을 기다리기로 한 것이다. 바로 이것이 오늘날 우리의 교회, 집회, 기도회에 필요한 것이 아니겠는가? 교회와 이 세계가 이것을 필요로 할 만큼 중대하다고 생각하지 않는가?

그리스도의 교회 안에 인간의 지혜로는 감당할 수 없는 악이 잠재해 있지 않은가? 형식주의, 이성주의, 의식주의, 세속주의가 교회의 능력을 앗아 가고 있지 않은가? 우리의 문화, 돈, 쾌락은 교회의 영적 생활을 위협하고 있지 않은가? 기독교 국가나 이교도 국가의 불신앙과 죄악, 비열함의 세력을 대항하기에 교회의 세력은 전적으로 미약하지 않은가?

필요를 채워 주고, 하나님이 교회에 기대하시는 모든 일을 행하고 있다는 평안한 확신을 주는 것이 하나님의 약속과 성령의 능력에 있지 않은가? 그리고 성령의 공급하심을 위해 성도가 연합하여 하나님을 기다리는 것만이 가장 절실한 축복이 아니겠는가? 이것은 의심할 여지가 없다.

집회에서 하나님을 기다리는 가장 분명한 목적은 개인 예배에서와 거의 동일하다. 즉 하나님만이 만사를 처리하셔야 하고 또 그렇게 하실 것이라고 깊이 확신하고, 보다 더 겸손히 우리의 절망적인 상태를 의식하며 그분만을 끊임없이 의지하는 것이다. 더 필요한 것은 하나님께 영광과 능력의 자리를 드리는 일이라는 것을 보다 더 실감하는 것이다. 또 하나님이 자신을 기다리는 자들에게 성령을 통해 은밀히 자신을 드러내 보여 주시며, 적당한 때가 오면 구원의 능력을 계시해 보여 주실 것을 확신하는 것이다.

보다 더 큰 목적이 있다면 기도하고 예배드리는 단체의 개개인에게 하나님의 임재에 대한 보다 깊은 인식을 가져다주어 그들이 헤어질 때는 각자가 하나님을 만났다는 것을 의식하며, 모든 것을 그분께 내어 맡기고 하나님이 구원을 이루시기까지 잠자코 기다리게 하는 일일 것이다.

본문에 암시되어 있는 것은 바로 이 체험이다. 이 말은 때때로 하나님의 능력의 놀라운 개입으로 성취되는 것이므로, 모두가 "이는 우리의 하나님이시라……이는 여호와시라"고 합창하지 않을 수 없을 것이다. 이것은 하나님의 백성이 그분을 기다리는 동안 그분의 임재를 의식하고 "이는 우리의 하나님이시라……이는 여호와시라"고 말하는 영적 체험에도 동일하게 해당되는 것일지 모른다.

그러나 슬프게도 우리는 예배에서 이것을 얼마나 망각하고 있는가! 경건한 목자에게 자기 양 떼가 하나님을 만나도록 안내하는 일보다 더 어렵고, 더 엄숙하고, 더 복된 일은 없으므로 설교하기 전에 성도 개개인이 하나님과 만나도록 인도해야 한다. "이제 우리는……다 하나님 앞에 있나이다"행 10:33라는 고넬료의 말은 베드로의 청중이 성령의 오심을 어떻게 준비하고 있었는지를 보여 주는 좋은 예이다.

하나님 앞에 엎드려 하나님을 위해 하나님만 기다리는 것이, 하나님이 자신의 모습을 드러내어 보여 주시는 한 가지 조건이다. 오직 한 가지 목적을 가지고 하나님만을 기다리기 위해 서로 끊임없는 침묵으로 도우며 악과 하나님의 뜻, 새로운 일, 일의 방법에 대해서 그분이 무엇을 보여 주시든지 마음 문이 열려 있는 신자들의 모임에서는 마땅히 이런 찬송이 울려 나오기 마련이다. "이는 우리의 하나님이시라 우리가 그를 기다렸으니 그가 우리를 구원하시리로다 이는 여호와시라 우리가 그를 기다렸으니 우리는 그 구원을 기뻐하며 즐거워하리라."

[나의 영혼이 잠잠히 하나님만 바람이여!
Waiting On God]

chapter 19

심판의
하나님을 바라라

"여호와여 주의 심판하시는 길에서 우리가 주를 기다렸사오며……이는 주께서 땅에서 심판하시는 때에 세계의 거민이 의를 배움이니이다" 사 26:8-9.

"대저 여호와는 공의의 하나님이심이라 무릇 그를 기다리는 자는 복이 있도다" 사 30:18.

하나님은 자비의 하나님이자, 심판의 하나님이시다. 그분의 처사에는 항상 자비와 심판이 따른다. 대홍수 때나, 애굽에서 이스라엘 백성을 구할 때나, 가나안 족속을 정벌할 때 우리는 심판 가운데 나타나는 자비를 볼 수 있다. 하나님의 백성의 내면 세계 속에서도 이것을 볼 수 있다.

심판은 죄를 벌하고, 자비는 죄인을 구원한다. 심판에도 불구하고 죄인을 구원하는 것이 아니라, 오히려 심판을 통해 죄인을 구원하는 것이다. 하나님을 기다리는 생활에 있어서 우리는 이 점을 망각하지 않도록 유의해야 하겠다. 그러므로 우리는 하나님을 기다리면서 마땅히 그분을 심판의 하나님으로 예상하고 있어야 한다.

"여호와여 주의 심판하시는 길에서 우리가 주를 기다렸사오며." 이것이 우리의 내적 체험에서 입증될 것이다. 거룩하게 되기를 기다리는 우리의 자세와 전적으로 주님의 것이 되고자 하는 기도가 진지하다면 하나님의 거룩한 임재는 감추인 죄악을 들춰내 보여 줄 것이다.

그리고 우리의 본성이 악하고 하나님의 법에 반대되며 그 율법을 이루기에는 무력하다는 것을 절실히 깨닫게 하여 우리를 겸손의 자리로 이끌 것이다. 그래서 "그는 금을 연단하는 자의 불과……같을 것이라"말 3:2, "불이 섶을 사르며 불이 물을 끓임 같게 하사……주의 앞에서 진동하였사오니"사 64:2-3라는 말씀을 진실로 깨닫게 될 것이다.

하나님은 자비로 우리 영혼이 죄악의 사악함과 가책을 깨닫게 하시면서 죄에 대한 심판을 행하신다. 이러한 심판을 피하려는 사람들이 너무도 많다. 그러나 하나님을 갈망하고 죄로부터의 구원을 바라는 자는 겸손히, 그리고 소망 중에 이 심판 앞에 고개를 숙인다.

"오, 여호와여 일어나사 주님의 대적을 흩으소서. 주가 심판하는 길에서 우리가 주를 기다렸나이다."

하나님을 기다리는 복된 생활을 시작하려는 사람들이 기억할 일은, 그분을 기다리는 첫 시도가 자신의 죄와 어두움만을 더욱 더 들춰 내는 결과를 낳는 것이 아닌가 하고 의심해서는 안 된다는 점이다.

어느 누구도 정복되지 않은 죄악이나 악한 생각 또는 엄청난 흑암이 하나님의 얼굴을 감추는 것 같아 보인다고 해서 실망해서는 안 된다. 갈보리 산에서의 은혜와 자비의 전달자였던 사랑하는 아들 안에, 심판으로 가리워졌던 자비가 있지 않은가?

당신의 온갖 죄의 심판 아래 복종하고 엎드리라. 심판은 길을 예비하고 놀랄 만한 자비로 발전하는 법이다.

"시온은 공평으로 구속이 되고" 사 1:27.

하나님의 온화한 자비가 심판 속에서 그분의 구속을 행사하심을 믿으며 하나님을 기다리라. 하나님을 기다리라. 그러면 당신에게 은혜를 베푸실 것이다.

여기에 한 가지 덧붙일 것이 있다. 우리는 하나님이 이 세상에 오셔서 심판하실 것이라고 기대하고 있다. 언젠가 오실 그분을 기다리고 있는 것이다.

이 얼마나 무시무시한 생각인가! 우리는 다가오는 심판을 알고 있는 것이다. 그리고 아직도 제멋대로 살기 때문에 변하지 않으면 하나님의 손에 죽을 그리스도인이 많다는 것도 알고 있다. 그러니 최선을 다해 이들에게 경고하고 하나님이 이들에게 자비를 베풀어 주시도록 이들을 위해, 이들과 함께 기도하지 않겠는가?

담력이 부족하거나 열심이 부족하거나 힘이 부족하다고 생각한다면, 친구들에게 임하는 심판 속의 하나님을 계시해 주셔서 우리가 하나님과 그들에 대한 새로운 두려움으로 고무되어 이전과 다르게 기도하고 말할 수밖에 없도록 해달라고 간구하면서, 더 단호하고 끈기 있게 하나님을 기다려 보지 않겠는가?

정말이지 하나님을 기다리는 생활은 영적인 방종을 위한 것이 아니다. 그 목적은 하나님과 그분의 거룩하심, 그리스도와 갈보리산에서 죽으신 그분의 사랑, 성령과 하늘에서 불타며 이 세상에 내려온 그 불에 우리가 사로잡힌바 되어 사람들에게 우리가 하나님의 심판의 길에서 그분을 기다리고 있다는 것을 일깨워 주는 것이다.

그리스도인이여, 그대가 정말로 심판의 하나님을 믿고 있음을 증명해 보이라!

[나의 영혼이 잠잠히 하나님만 바람이여!
   Waiting On God]

chapter 20

우리를 기다리시는 하나님을 바라라

"그러나 여호와께서 기다리시나니 이는 너희에게 은혜를 베풀려 하심이요 일어나시리니 이는 너희를 긍휼히 여기려 하심이라 대저 여호와는 공의의 하나님이심이라 무릇 그를 기다리는 자는 복이 있도다" 사 30:18.

우리는 우리 편에서만 하나님을 기다리고 있다고 생각할 것이 아니라, 하나님이 우리를 기다리고 계시다는 더욱더 놀라운 사실을 생각해야 한다. 하나님이 우리를 기다리고 계시다는 것을 생각하면 우리는 그분을 기다리는 일에 더욱더 격려와 자극을 받게 될 것이며, 우리의 기다림이 헛되지 않다는, 말할 수 없는 확신을 가지게 될 것이다.

그분이 우리를 기다리고 계시다면 우리는 더욱 환영받으리라는, 즉 하나님이 찾으시던 자들을 발견하여 크게 기뻐하시리라는 사실을 확신할 수 있다. 이제 겸손히 하나님을 기다리며 그 의미를 터득하도록 하자. "여호와께서 기다리시나니 이는 너희에게 은혜를 베풀려 하심이요" 하는 말씀에 우리는 "무릇 그를 기다리는 자는 복이 있도다" 하고 응하는 것이 마땅하다.

눈을 들어 보좌 위에 높이 앉아 계신 위대한 하나님을 보라. "하나님은 사랑이시다."라는 말은 모든 피조물에게 하나님의 선하심과 축복을 나누어 주시기를 끊임없이, 이루 말할 수 없이 갈망하신다는 뜻이다. 그분은 축복해 주시기를 고대하실 뿐 아니라 즐거워하고 계신다. 하나님은 성령을 통해 자녀 개개인에게 사랑과 능력을 보여 주려 하신다.

오직 그분은 기다리는 아버지의 마음으로 기다리실 뿐이다. 우리에게 자비로운 일을 행할 기회를 기다리고 계시는 것이다. 그러므로 그분을 기다릴 때나 매일 기다리는 거룩한 생활을 유지하려고 노력할 때 우리는 그저 위를 보고 우리에게 자비를 베푸시고자 기다리시는 그분을 뵙기만 하면 된다. 기다리는 생활의 순간순간마다 하나님은 당신을 기다리고 계시다는 믿음의 안목을 가지도록 하라.

그런데 "자비로우시다는 분이 아무리 기다려도 내가 간구하는 도움은 주지 않고 이렇게 지체하시니 도대체 어찌된 것이냐?"고 질문하는 사람도 있을 것이다. 여기에는 두 가지 답변이 있다.

먼저, 하나님은 땅에서 나는 귀한 열매를 바라고 길이 참는 어진 농부와 같다약 5:7. 그분은 열매가 익기 전에는 거둬 들이지 않는다. 그분은 우리가 우리의 유익과 그분의 영광을 위해 축복을 받을 영적 준비가 되어 있는지의 여부를 다 알고 계신다. 그분의 사랑의 햇살을 기다리고 있으면 영혼은 그분의 축복을 받을 수 있는 단계까지 무르익어 가게 될 것이다. 축복의 소나기를 몰고 오는 시련의 구름 아래서 기다리는 생활 또한 필요한 것이다.

우리의 생각에 하나님이 오래 기다리게 하신다는 생각이 든다면 그것은 갑절로 축복하시려는 뜻이라는 것을 잊지 말라. 하나님은 아들을 보내실 때 때가 차기까지 4천여 년을 기다리셨다. 우리의 시간은 하나님의 수중에 있으므로 그분은 자신의 백성의 소원을 틀림없이 들어주실 것이다. 한 시간도 지체하지 않고 속히 오셔서 구해 주실 것이다.

다른 또 하나의 대답은 앞서 얘기한 데서 찾을 수 있다. 선물을 주는 자가 선물보다 더 풍성하다. 즉 하나님은 우리에게 주시는 축복보다 더 풍성하시다. 우리가 계속 그분을 기다리는 것은 그분 안에 있는 우리의 생명과 기쁨을 발견하는 유일한 길이다.

하나님의 자녀들이 자신들에게 영광스러운 하나님이 계시다는 것을 알고 있다면, 그리고 그들이 그분과 교제를 계속하는 것이 얼마나 큰 특권인지 알고 있다면 그들은 그분 안에서 즐거워할 것이다. 오래오래 기다리게 하여도 전보다 더 잘 이해하게 될 것이다. "여호와께서 기다리시나니 이는 너희에게 은혜를 베풀려 하심이요." 하나님이 기다리신다는 사실은 그분의 자비에 대한 최고의 증거가 되는 셈이다.

"무릇 그를 기다리는 자는 복이 있도다."

여왕에게는 시중드는 하녀들이 있다. 하녀라는 지위는 예속된 자리이고 섬기는 자리지만, 그래도 어질고 인자한 군주가 친구가 되어 주기 때문에 더없이 고귀한 선망의 자리 중에 하나로 꼽힌다. 하물며 영원하신 하나님의 하인이 되어 가까이서 그분의 선하심과 자비를 의식하면서 뜻을 받드는 일이야말로 표현할 수 없는 축복과 위엄이 아닐 수 없다.

"무릇 기다리는 자에게나 구하는 영혼에게 여호와께서 선을 베푸시는도다" 애 3:25.

"무릇 그를 기다리는 자는 복이 있도다."

그렇다! 기다리는 영혼과 기다리는 하나님이 함께 만날 때 이것이야말로 축복이 아닐 수 없다. 하나님은 자신의 기다리는 시간과 우리의 기다리는 시간이 없이는 일을 하실 수 없다. 따라서 기다리는 일이 하나님의 일인 것처럼 그것을 우리의 일로 삼는 것이 마땅하다.

하나님의 기다리심이 오로지 그분의 선하심과 인자하심에 있다면, 우리의 기다림은 그 선하심을 즐거워하고 은혜받을 것을 확신하는 것이어야 한다. 그리고 기다리는 생활은 순수하고 무한한 축복의 표현이 되어야겠다. 그 이유는, 기다리는 생활을 통해서 자신을 은혜로우신 분으로 알리고자 기다리시는 하나님께 우리가 가까이 갈 수 있기 때문이다.

[나의 영혼이 잠잠히 하나님만 바람이여!
Waiting On God]

chapter 21

전능하신 하나님을 바라라

"오직 여호와를 앙망하는 자는 새 힘을 얻으리니 독수리의 날개 치며 올라감 같을 것이요 달음 박질하여도 곤비치 아니하겠고 걸어가도 피곤치 아니하리로다" 사 40:31.

기다리는 생활은 기다리는 대상을 어떻게 생각하느냐에 따라 그 성격이 달라진다. 하나님을 기다리는 우리의 생활은 그분을 어떤 분으로 믿느냐에 따라 크게 좌우된다. 본문은 하나님이 자신을 영원하고 전능하신 분으로 계시하시고 맨 마지막에 결론으로 하신 말씀이다. 이 계시가 우리 영혼에 임할 때 우리의 기다림은, 자연히 우리가 아는 하나님이 가장 기다릴 만한 분이시라는 것을 나타내게 될 것이다.

본문 말씀 사 40:27-31 참조에 귀를 기울여 보자.

"야곱아 네가 어찌하여 말하며 이스라엘아 네가 어찌하여 이르기를 내 사정은 여호와께 숨겨졌다 하느냐? 왜 하나님은 듣지도 못하시고 도울 수도 없는 분인 것처럼 말하느냐? 너는 알지 못하였느냐, 듣지 못하였느냐, 영원하신 하나님 여호와, 땅 끝까지 창조하신 자는 피곤치 아니하시며 곤비치 아니하시다는 것을. 그는 피곤한 자에게는 능력을 주시며 무능한 자에게는 힘을 더하시느니라. 소년이라도 피곤하며 장정이라도 넘어지며 자빠지는 판이니 강하다는 남자가 모두 무기력하게 되고 마는 것이다. 그러나 여호와를 앙망하는 자는, 즉 곤비치 아니하며 피곤치 아니하시는 영원하신 하나님을 기다리는 자는 새 힘을 얻으리니 독수리의 날개 치며 올라감 같을 것이요, 달음박질하여도 곤비치 아니하시는 그분처럼 곤비치 아니하겠고 걸어가도 피곤치 아니하시는 그분처럼 피곤치 아니하리로다."

그렇다. 이런 사람들은 "독수리의 날개 치며 올라감 같을 것이다." 우리는 독수리가 무엇을 상징하는지 잘 알고 있다. 독수리는 새 중의 왕으로서 가장 높이 나는 새이다. 마찬가지로 신자들도 하나님의 임재와 사랑과 기쁨 속에서 이처럼 천국의 삶을 살아야 한다. 하나님이 계시는 곳에서 살아야 한다는 것이다. 이곳에 올라가기 위해서는 하나님의 힘이 필요하다. 그분을 기다리는 자들에게는 이것이 자연히 주어지기 마련이다.

독수리의 날개를 어떻게 얻을 수 있는지 당신은 잘 알고 있을 것이다. 오직 한 가지 방법이 있는데 독수리에게서 태어나야만 가능하다. 당신은 하나님으로부터 태어났기에 독수리의 날개가 있다. 아마 당신은 이것을 모르고 있었을지도, 아니면 사용하지 않았을지도 모른다. 그러나 하나님은 당신에게 이것을 사용하는 법을 가르치실 수 있으며 또 가르쳐 주실 것이다.

우리는 독수리들이 나는 법을 어떻게 익히는지 잘 알고 있다. 해발 수천 피트 높이의 우뚝 솟은 절벽 바위 틈에 있는 둥지를 보라. 그 속에는 소중한 새끼 독수리 두 마리가 있다. 어미 새가 다가가서 그 둥지를 흔들어 대며 겁 많은 두 새끼들을 부리로 물어 절벽 아래로 내동댕이치자 새끼들은 저 바다 밑으로 푸드덕거리며 떨어진다. 이때 어미 독수리는 "그 새끼 위에 너풀거리며 그 날개를 펴서 새끼를 받으며 그 날개 위에 그것을 업어"신 32:11 다시 안전한 곳으로 데려온다.

"여호와께서 홀로 그들을 인도하셨고."

그렇다. 저 어미 독수리의 본성은 하나님의 선물이다. 이것은 전능하신 하나님이 그분의 백성이 독수리의 날개로 높이 오르게 하려고 훈련하시는 그 사랑의 간단한 본보기에 지나지 않는다.

그분은 우리의 보금자리를 뒤흔드신다. 우리의 소망을 다 흩어 놓으셔서 실망케 하시기도 한다. 우리의 확신을 모두 뒤엎어 놓으시기도 한다. 우리로 하여금 기력이 다해 두렵고 떨리게 하시며 더없이 피곤하고 지쳐 버리게 하시는 것이다.

그러나 이 모든 일에 있어서 하나님은 강한 날개를 펴시사 우리의 연약함이 거기서 쉼을 얻게 하시며, 영원하신 창조자의 힘이 우리 안에 움직이도록 하신다. 하나님이 우리에게 요구하시는 것은 우리가 지쳤을 때 겸손히 그분을 기다리고, 여호와의 힘으로 우리를 전능자의 날개로 데려가시게 하는 것이 전부이다.

하나님의 자녀들이여, 눈을 들어 하나님을 바라보라! "피곤치 아니하시고 곤비치 아니하시는" 그분께서 여러분 역시 피곤하거나 곤비하지 않게 해주시겠다고 약속하지 않는가? 그분이 원하시는 것은 오직 한 가지, 당신이 그분을 바라는 것이다. 당신의 문제를 이렇게 강하시며 신실하시며 인자하신 하나님께 맡기라.

[나의 영혼이 잠잠히 하나님만 바람이여!
Waiting On God]

chapter 22

확실한 축복을 주시는
하나님을 바라라

"네가 나를 여호와인 줄 알리라 나를 바라는 자는 수치를 당하지 아니하리라" 사 49:23.

"무릇 그를 기다리는 자는 복이 있도다" 사 30:18.

　이 얼마나 놀라운 약속인가! 하나님은 "나를 바라는 자는 수치를 당하지 아니하리라"는 결코 헛되지 않은 확고한 약속을 주심으로 기다리도록 이끄신다. 그런데 이것을 마땅히 체험했어야 할 우리가, 이 복된 기다림을 일상 생활의 맥박과 같이 받아들이고 끊임없이 우리 자신을 그분께 드리며 우리 안에서 그분의 일을 성취하시도록 하고 하나님의 임재와 사랑 속에서 살지 못하는 것은 어찌된 일일까? 다시 한번 이 말씀을 음미하며 새롭고 확신에 찬 음성으로 "무릇 그를 기다리는 자는 복이 있도다!" 하고 말할 수 있도록 하자.

6장을 보면 시편 25편 중에 "주를 바라는 자는 수치를 당하지 아니하려니와"라는 기도가 있다. 이 기도는 우리가 얼마나 수치를 당할까 봐 겁내고 있는지 보여 주고 있다. 그러나 하나님의 대답을 들으면 이 공포는 사라지며, 하나님이 "나를 바라는 자는 수치를 당하지 아니하리라", "무릇 그를 기다리는 자는 복이 있도다"라고 하신 말씀에 "아멘, 주여!" 하고 다시 이 말씀에 화답할 수 있을 것이다.

이상의 두 본문 말씀은 하나님의 교회가 아주 큰 위기에 처해 있어서 인간적인 안목으로는 도저히 구원을 내다볼 수 없었던 그러한 상황을 가리키고 있다. 그러나 하나님은 약속의 말씀으로 개입하시며 전능하신 능력으로 백성을 구원해 주실 것을 약속하고 계신다. 그리고 그들에게 자신을 기다릴 것을 요구하시며 실망은 금물이라고 말씀하신 분은 바로 그들의 구속 사업을 친히 성취하신 하나님이시다.

우리 역시 말뿐이고 형식적인 교회 안에서 이루 말할 수 없이 슬픈 일들이 판을 치는 시대를 살고 있다. 하나님을 찬양하는 중에도 슬퍼할 일이 너무너무 많다. 하나님의 약속이 아니었더라면 우리는 모두 실망하고 말았을 것이다. 그러나 약속을 통해 살아 계신 하나님은 자신을 우리에게 주셨을 뿐 아니라 우리와 연합하셨다. 그리고 그분은 우리가 수치를 당하지 않을 것이라고 확약하신다.

오, 우리 마음이 하나님 앞에 엎드려, 그분이 약속의 의미를 우리에게 계시해 주시고, 그 약속 가운데서 비밀한 영광으로 자신을 계시해 주시기를 기다릴 수만 있다면 얼마나 좋겠는가! 이렇게 되면 우리는 저절로 하나님만 바라는 데 마음이 끌릴 것이다.

"오, 주여, '우리 영혼이 여호와를 바람이여 저는 우리의 도움과 방패시로다' 시 33:20라고 외치는 자들의 무리를 더욱 늘려 주소서!"

하나님의 교회와 백성을 위한 이 기다림은 우리 개인의 기다리는 생활과 밀접한 관계가 있다. 우리의 마음은 하나님의 약속을 아름답게 상상하고, 우리의 입술은 그럴 듯하게 꾸며 댈지 모르지만, 이것이 진정한 우리의 신앙이나 능력의 척도는 아니다. 사실 우리가 개인적인 체험으로 아는 하나님은, 우리의 내적 원수를 정복하고, 거룩하심 가운데 자신을 계시하시고 통치하시며, 우리의 내면 깊은 곳에서 그 능력을 드러내 보여 주시는 하나님이다.

바로 이것이 우리가 하나님으로부터 받아서 동료들에게 전해 주어야 할 영적 축복의 진정한 척도이다. 하나님을 바라는 것이 영혼에 얼마나 복된 것인지를 체험했기 때문에 우리의 교회가, 동료가 이 축복 받기를 확신을 갖고 바라게 되며, "나를 바라는 자는 수치를 당하지 아니하리라"는 말씀이 소망을 가져다주게 된다. 그분이 우리에게 베풀어 주신 축복을 보면 남들에게도 그렇게 베풀어 주실 것을 믿어야 한다. "무릇 그를 기다리는 자는 복이 있도다."

그렇다. 지금도 기다리는 자들에게 이미 복이 있다. 우리에게나 남들에게나 그 약속된 축복은 지체될지 모르지만, 신령한 축복자요 다가오는 축복의 살아 있는 근원이신 이 약속의 주인공을 알고 소유하는 말할 수 없는 축복은 이미 우리 것이다. 하나님을 기다리는 것 자체가 피조물의 최고 특권이요, 구속받은 자녀의 최고 축복이라는 이 귀한 진리를 우리의 영혼은 충분히 누려야겠다.

꽁꽁 얼어붙은 땅을 뚫고 올라오는 초록빛 풀잎에게 태양이 그 빛과 온기로 와 닿듯이, 영원하신 하나님은 크고 인자한 사랑으로 자신을 기다리는 자녀 개개인에게 오셔서 "예수 그리스도의 얼굴에 있는 하나님의 영광을 아는 빛"고후 4:6을 우리 마음에 비추고자 하신다. 하나님이 우리에게 무엇을 어떻게 하려고 기다리시는지 알려거든 이 말씀을 되풀이하여 읽어 보라. 누가 저 큰 태양과 저 자그마한 초록빛 풀잎의 차이를 측량이나 할 수 있겠는가! 그렇지만 풀잎은 필요한 만큼 태양 빛을 모두 받고 있는 것이다.

하나님을 기다리는 일에 있어서 하나님의 크심과 우리의 작음은 놀랍게도 서로 잘 조화된다는 점을 믿으라. 텅 비고 그대로 겸허하고 온유하게 그저 머리를 숙이고 위대한 영광 앞에서 그분의 뜻에 굴복한 채 잠잠하라. 그분을 기다리는 동안 하나님은 조금씩 다가오고 계신다. 그분은 자신의 모든 약속을 온전한 능력으로 성취하시는 하나님으로 자신을 드러내실 것이다. 다시 한번 묵상하여 보자. "무릇 그를 기다리는 자는 복이 있도다."

[나의 영혼이 잠잠히 하나님만 바람이여!
　　　　　　　　　　　W a i t i n g O n G o d]

chapter 23

생각 밖의 큰일을 위해
하나님을 바라라

"주 외에는 자기를 앙망하는 자를 위하여 이런 일을 행한 신을 예로부터 들은 자도 없고 귀로 깨달은 자도 없고 눈으로 본 자도 없었나이다" 사 64:4.

    흠정역AV 또는 KJV 성경에는 하나님이 예비하신 일을 눈으로 본 자가 없다고 되어 있고, 미국 표준역ASV 성경에는 주 외에는 이런 일을 행한 신을 본 자가 없다고 되어 있는데, 둘 다 공통점이 있다면 우리가 해야 할 일은 하나님을 기다리는 것뿐이라는 점이다.

    미국 표준역에서는 이 일을 행하시는 하나님을, 흠정역에서는 그분이 하시는 일을 강조하고 있는 것이다. 고린도전서 2:9에 있는 말씀도 이런 의미에서 성령이 계시하실 일을 말하는 것이라고 볼 수 있다.

특별히 이사야 63:15에 있는 말씀은 당시 하나님의 백성이 겸손한 상태였음을 보여 주고 있다. 애절한 기도가 다음과 같이 이어진다.

> "하늘에서 굽어 살피시며……여호와여 어찌하여 우리로 주의 길에서 떠나게 하시며 우리의 마음을 강퍅케 하사 주를 경외하지 않게 하시나이까 원컨대 주의 종들 곧 주의 산업인 지파들을 위하사 돌아오시옵소서" 15, 17절.

64:1은 더더욱 절실하다. 그리고 뒤이어 자신들의 과거를 회상하는 기도가 이어진다.

> "원컨대 주는 하늘을 가르고 강림하시고 주의 앞에서 산들로 진동하기를 불이 섶을 사르며 불이 물을 끓임 같게 하사 주의 대적으로 주의 이름을 알게 하시며 주께서 강림하사 우리의 생각 밖에 두려운 일을 행하시던 그때에 산들이 주의 앞에서 진동하였사오니 주 외에는 자기를 앙망하는 자를 위하여 이런 일을 행한 신을……눈으로 본 자도 없었나이다" 1-4절.

이렇게 기도할 수 있었던 것은 생각 밖의 일을 통해 일깨워진 신앙으로 인한 것이다. 그분은 예나 지금이나 동일한 하나님이시다. 하나님만이 자신을 기다리는 백성을 위해 무엇을 하실 것인지 알고 계신다. 사도 바울의 말대로 하나님의 사정도 하나님의 영 외에는 아무도 알지 못하며, 오직 하나님이 성령으로 이것을 우리에게 보이신 것이다.

하나님의 백성의 요구 사항과 하나님의 개입에 대한 요청은 오늘도 이사야 시대와 다를 바 없이 절실하다. 그 당시에도 그랬고 지금까지 항상 그래 왔던 것처럼 오늘도 역시 마음을 다해 하나님을 찾는 남은 자가 있다.

그러나 기독교계나 그리스도의 교회 상태를 전체적으로 보면 하나님이 지금이라도 하늘을 가르고 강림하시기를 간구하기에 충분한 이유들이 있다.

전능자의 능력 개입이 특별한 방법으로 있기 전에는 어느 것도 소용없을 것만 같은 세상이다. 소위 기독교계는 하나님 보시기에 어떠해야 하는지에 대해서 우리는 올바른 관념을 갖고 있지 못하는 것 같다. 하나님이 내려오셔서 "불이 섶을 사름같이 하사……주의 대적으로 주의 이름을 알게" 하시기 전에는 모든 수고가 허사인 것이다.

목회를 보라. 얼마나 인간의 지혜를 내세우고 이론적인가! 또 얼마나 성령과 그 능력을 드러내지 않고 있는가! 그리고 몸의 연합에 대해 생각해 보라. 하나님의 자녀들을 서로 매는 하늘의 사랑의 능력이 드러나지 않고 있지 않은가. 거룩, 즉 이 세상에 대해 그리스도처럼 겸비하고 십자가에 못 박히는 삶을 사는 거룩을 생각해 보라. 이 세상 사람들이 하늘의 그리스도처럼 사는 사람을 거의 볼 수 없지 않은가.

어떻게 해야 할 것인가? 오직 한 가지뿐이다. 우리는 하나님을 기다려야 한다. 무엇 때문에? "원컨대 주는 하늘을 가르고 강림하시고 주의 앞에서 산들로 진동하게 하소서." 하고 쉬지 말고 부르짖어야 한다.

하나님이 생각 밖의 일을 하실 것을 바라고, 믿고, 구하고, 기대해야 하는 것이다. 하나님이 자신을 기다리는 자에게 무엇을 준비하셨는지 사람들은 모르지만 그 일을 행하시는 하나님을 믿어야 한다. 우리의 모든 이해력을 능가하는 기적의 하나님이 우리가 확신하는 하나님이어야 하는 것이다.

그렇다. 하나님의 백성은 마음 문을 넓혀 우리가 요구하거나 생각한 바 이상으로 넘치고 풍성하게 주실 수 있는 하나님을 기다릴 줄 알아야 한다.

우리 모두 하나가 되어 밤낮 없이 인간들이 보지 못한 일들을 행하실 것을 구하도록 하자. 하나님은 자신의 백성으로 하여금 이 세상에서 뛰어난 이름과 칭송이 되게 하실 수 있는 분이시다.

"여호와께서 기다리시나니 이는 너희에게 은혜를 베풀려 하심이요……무릇 그를 기다리는 자는 복이 있도다" 사 30:18.

[나의 영혼이 잠잠히 하나님만 바람이여!
　　　　Waiting On God]

chapter 24

그분의 선하심을 알기 위해
하나님을 바라라

"무릇 기다리는 자에게나 구하는 영혼에게 여호와께서 선을 베푸시는도다" 애 3:25.

하나님 외에 선은 없다. "주를 두려워하는 자를 위하여 쌓아 두신……은혜가 어찌 그리 큰지요" 시 31:19. "너희는 여호와의 선하심을 맛보아 알지어다" 시 34:8.

하나님의 선하심을 맛보고 즐거워하는 진정한 길은 하나님을 기다리는 것이다. 여호와는 선하시다. 그러나 그의 자녀들조차도 이것을 모를 때가 있는데 이것은 그들이 하나님이 그것을 나타내시도록 잠잠히 기다리지 않기 때문이다. 그러나 참고 기다리는 자에게는 이것이 사실로 드러날 것이다.

기다리는 사람이 의심도 할 수 있지 않겠느냐고 말하는 사람도 있을 것이다. 그러나 이것은 그들이 진실로 기다리지 않고 인내하지 못했을 때 하는 말이다. 진정으로 기다리는 영혼은 항상 "무릇 기다리는 자에게……여호와께서 선을 베푸시는도다"라고 얘기할 수밖에 없다. 우리는 하나님의 선하심을 충분히 알아 그분을 기다리는 생활에 보다 더 전념해야겠다.

하나님을 기다리는 생활을 처음 시작하다 보면 우리의 마음은 우리가 기다리는 축복에만 집착하기 쉽다. 그러나 하나님은 우리의 필요와 도움을 바라는 마음을 은혜롭게 사용하시어 우리가 생각하는 그 이상의 것을 위해 우리를 훈련시키신다. 주는 분이신 하나님은 자신을 완전히 주시어 우리의 영혼이 자신의 선하심으로 만족하기를 원하신다.

바로 이런 이유 때문에 그분은 종종 우리가 바라는 은사를 보류하시고, 기다리는 시간을 지연시키기도 하시는 것이다. 즉 그분은 언제나 자기 자녀의 마음을 완전히 사기를 원하신다. 그분은 선물을 주실 때 우리가 "아, 정말로 하나님은 선하시기도 하지!" 하고 말할 뿐 아니라 그 선물이 오기 훨씬 전에라도, 어쩌면 끝내 오지 않더라도, 인간이 조용하게 기다리는 것이 좋다는 것을 시종일관 체험하기를 원하시는 것이다. 이렇게 될 때 기다리는 생활은 얼마나 복된 생활이 되는지 모른다.

이것이 바로 주님의 선하심을 칭송하고 신뢰하는 신앙의 예배가 되는 것이다. 우리의 영혼이 이 비밀을 터득해 감에 따라 기다리는 생활의 매순간은 하나님의 선하심을 말없이 맛보는 생활이 되고, 여기에서 우리의 필요에 대한 만족을 얻게 된다. 그리고 하나님의 선하심을 체험할 때마다 하나님을 기다리는 생활에 더 매력을 느끼게 되고 꼭 필요한 때만이 아니라 언제라도 계속 기다리고픈 충동을 가지게 된다.

이렇게 되면 일과가 아무리 분주해도 우리 영혼은 은밀히 기다리는 생활에 더 젖어들기 마련이다. 이때 기다림은 우리의 습관과 성격, 아니 우리 영혼의 제2의 천성과 호흡이 되는 것이다.

이제 기다리는 생활이 시간을 두고 질질 끌며 생각해도 되는 기독교의 여러 덕목 중에 하나가 아니라, 바로 그리스도인의 생활의 밑바닥에 깔려 있는 근본 문제라는 것을 깨달을 수 있겠는가?

이 기다리는 생활이야말로 우리로 하여금 기도하고 예배하며 믿고 순종하는 데 차원 높은 가치와 새로운 능력을 주는 것이다.

그 이유는 이것이 우리를 하나님과 뗄 수 없는 관계로 동여매기 때문이다. 그리고 이것으로 인해서 우리는 하나님의 선하심을 마음껏 누릴 수 있기 때문이다. "무릇 기다리는 자에게……여호와께서 선을 베푸시는도다."

우리는 사람들의 가르침을 통해 간접적으로 신앙의 많은 부분들을 얻는다. 다만 이러한 가르침도 세례 요한이 자기 제자들에게 자기를 떠나 살아 계신 그리스도께로 가라고 가르쳤듯이, 하나님을 보여 주는 것이라면 그 가치가 크다. 오늘날 우리의 신앙이 절실히 필요로 하는 것은 우리가 더 많이 하나님의 것이 되는 일이다. 우리 중 대부분은 너무 많이 자신들의 일에 매여 있다.

마르다의 경우에서처럼 우리가 주께 드리려는 일, 바로 그것 때문에 주님과 떨어져 있게 되는데, 이것은 주께 기쁜 일이 못 될 뿐더러 우리에게도 아무런 유익이 되지 못한다. 일이 많으면 많을수록 그만큼 우리에게는 하나님을 기다리는 생활이 필요하며, 이렇게 될 때 하나님의 뜻을 행하는 것은 우리를 지치게 하는 것이 아니라 우리의 음식과 영양분과 안식, 힘이 될 것이다.

"무릇 기다리는 자에게……여호와께서 선을 베푸시는도다."

하나님이 얼마나 선하신지는 그분을 기다리는 가운데 경험해 본 자 외에는 어느 누구도 말할 수 없을 것이다. 정말로 얼마나 선하신지는 그분을 최대한으로 기다려 본 자 외에는 어느 누구도 말할 수 없을 것이다.

[**나의 영혼이 잠잠히 하나님만 바람이여!**
　　　　　　　　　W a i t i n g O n G o d]

chapter 25

조용히
하나님을 바라라

"사람이 여호와의 구원을 바라고 잠잠히 기다림이 좋도다" 애 3:26.

"너는 삼가며 종용하라……두려워 말며 낙심치 말라" 사 7:4. "잠잠하고 신뢰하여야 힘을 얻을 것이어늘" 사 30:15. 이상의 말씀들은 침묵과 신앙의 관계가 얼마나 밀접한가를, 그리고 하나님을 기다리는 생활에 있어서 침묵이 얼마나 필요한가를 보여 준다.

우리의 온 마음을 하나님께 향하게 하려면 마음이 관심과 생업, 기쁨과 슬픔, 이 모든 것에서 벗어나 하나님께로 향해야 한다는 것이다.

하나님은 무한히 크며 영광스러운 분이시고 우리 본성은 하나님과 너무 분리되어 있기 때문에 그분을 조금만 알려 하고 영접하려고 한다 할지라도 우리는 온 마음으로 그분을 바라야 한다. 공포를 자아내는 것이건, 노력을 앗아 가는 것이건, 희망을 일깨워 주는 것이건, 기쁘게 하는 것이건 간에 하나님과 관계 없는 것은 모두 하나님을 온전히 기다리는 일에 있어서 방해물이다.

"너희는 삼가 조용하라", "잠잠해야 힘을 얻을 것이다", "사람이 잠잠히 기다림이 좋도다" 하는 이 모든 말씀은 아주 깊은 의미를 지니고 있다.

위엄과 거룩에 찬 하나님을 생각하는 것만으로도 마땅히 우리는 말을 잃을 수밖에 없다는 것을 성경은 여러 곳에서 지적해 주고 있다.

"오직 여호와는 그 성전에 계시니 온 천하는 그 앞에서 잠잠할지니라" 합 2:20.

"주 여호와 앞에서 잠잠할지어다" 습 1:7.

"무릇 혈기 있는 자들이 여호와 앞에서 잠잠할 것은 여호와께서 그 성소에서 일어나심이니라" 슥 2:13.

하나님을 기다리는 생활이 보다 더 효과적인 기도와 소원 성취에 대한 종말로만 여겨진다면, 이 침묵의 정신을 끝내 얻을 수 없을 것이다. 그러나 하나님을 기다리는 생활 그 자체를 거룩한 자와 교제하는 최고의 형태, 즉 이루 말할 수 없는 축복으로 여길 때 영광 중에 그분을 찬양하는 우리의 영혼은 겸손히 침묵하게 될 것이다.

이렇게 될 때만이 하나님이 말씀하시고 자신을 드러내실 길을 터 놓는 것이다. 이때 또한 "그날에 눈이 높은 자가 낮아지며 교만한 자가 굴복되고 여호와께서 홀로 높임을 받으시리라" 사 2:11 하는 말씀, 즉 나 자신의 모든 노력은 수치를 당하리라는 귀한 약속이 성취되는 것이다.

하나님을 기다리는 생활의 묘미를 터득하려는 자는 누구나 "너희는 삼가 조용하라", "사람이 잠잠히 기다림이 좋도다" 하는 말씀을 명심할 필요가 있다. 모든 업무와 친구, 모든 근심 걱정과 유희를 떠나 하나님 앞에서 조용히 침묵하는 시간을 내어 보라. 사람들과 세상뿐만 아니라 자신과 자신의 정력으로부터도 침묵하는 시간을 내어 보라.

말씀을 읽고 기도하는 것도 귀하지만 이것도 말없이 기다리는 데는 방해가 될 수 있다. 말씀을 연구하거나 또는 기도 가운데 이것을 생각하다 보면 마음이 분주해지는 바람에 저 영광스러운 분 앞에 잠잠히 기다리는 일에 전념할 수 없게 된다. 한마디로 우리의 모든 것은 그분 앞에서 침묵해야만 하는 것이다.

처음에는 마음의 생각과 활동을 억제하고 그저 조용히 기다리기만 하는 것이 어려워 보이겠지만, 여기에 기울이는 노력은 하나하나가 그만한 보상을 받기 마련이다. 이것을 습관화함에 따라 잠깐 동안의 침묵 예배가 가져오는 평안과 안식이 어떠한가를 우리는 알게 될 것이다.

이러한 축복은 비단 기도할 때만 누릴 수 있는 것이 아니라 온종일 누릴 수 있을 것이다. "사람이 여호와의 구원을 바라고 잠잠히 기다림이 좋도다." 물론 너무 좋은 일이다. 침묵은 우리의 무력함을 고백하는 것이다. 생각한다고, 기도한다고, 원한다고 해서 얻어지는 것이 아니라 순전히 하나님으로부터 받는 선물이다.

침묵은 그분의 때가 되면 하나님이 나를 도와주실 것이고 그분에게만 안식이 있다는 신앙 고백이요, 나는 아무것도 아니니 하나님이 드러나셔서 일하시기를 바라는 고백이다. 우리 모두 조용히 기다리도록 하자. 우리의 일상 생활에서 위대하신 하나님이 놀라운 일을 이루시기를 기다리며, 조용히 경배하자. 세상일에 너무 몰두하지 않도록 항상 주의하자. 이렇게 될 때 그의 삶은 하나님의 구원을 바라고 잠잠히 기다리는 아름다운 모습이 될 것이다.

[나의 영혼이 잠잠히 하나님만 바람이여!
　　　　　Waiting On God　　　　　]

chapter 26

거룩한 기대를 안고 하나님을 바라라

"오직 나는 여호와를 우러러보며 나를 구원하시는 하나님을 바라보나니 나의 하나님이 나를 들으시리로다" 미 7:7.

『대망의 거리』Expectation Corners라는 책에 보면 본문에 대한 아주 좋은 설교 자료가 있다.

어느 왕이 가난한 신하들을 위해 한 도시를 만들고 멀지 않은 곳에 큰 상점을 만들어 놓았다. 그곳에서 그들은 필요로 하는 모든 것들을 공급받을 수 있었다.

그러나 한 가지 조건이 있었다. 그것은 다름 아니라 왕의 사자들이 이들의 청구대로 물건을 가져오면 이들은 반드시 집 밖에 나와 기다리고 있어야 했다. 그런데 그 중에 한 신하는 자신이 아무 자격도 없으므로 청구한 것을 받지 못할 것이라고 생각했다.

어느 날 그는 왕의 가게에 불려가, 자기 집 주소로 되어 있는 물건들이 어마어마하게 수취 불가로 그냥 창고에 쌓여 있는 것을 보았다. 이 모든 물건들이 자기 집 대문까지 왔다가 문이 잠긴 바람에, 나와서 기다리지 않았기 때문에 되돌아온 것이었다. 그날부터 이 신하는 미가 선지자가 말하는 내용의 교훈을 터득하게 되었다. "나는 여호와를 우러러보며 나를 구원하시는 하나님을 바라보나니 나의 하나님이 나를 들으시리로다."

여러 번 강조한 바 있지만 기도의 응답을 기다리는 것은 하나님을 기다리는 생활의 전부가 아니라 일부분에 지나지 않는다. 그러나 오늘날 기도의 응답을 기다리는 일이 일부분이긴 하지만, 아주 중요한 부분임을 알기 바란다. 특별한 기도 제목이 있어서 기다리는 생활을 하고 있다면, 우리의 기다림은 "나의 하나님이 나를 들으시리로다"라는 분명하고 확신에 찬 것이어야 하겠다.

거룩함과 기쁨으로 기대하는 것은 진정한 기다림의 본질이다. 그리고 이것은 신자 개개인이 드리는 여러 가지 기도에 있어서뿐 아니라, 모두에게 가장 중요한 한 가지 기도 제목 – 하나님이 내 영혼을 전적으로 다스려 주소서 – 에 대해서도 마찬가지이다.

그 기도는 그리스도께서 우리 안에서 완전히 형성되고, 우리가 하나님의 모든 충만으로 가득 차기를 바라는 기도이다. 이것은 흔히 가능할 것이라고 믿지 않기 때문이기도 하겠지만, 하나님의 백성이 너무 기대하지 않기 때문이기도 하다. 바로 이것을 우리는 구하고 기대해야 한다. 왜냐하면 하나님은 우리를 통해 이 일을 능히 하실 수 있고 또 그렇게 되기를 기다리고 계시기 때문이다.

그러나 이것은 하나님이 하실 일이다. 그러므로 이것을 위해 우리의 일을 중단해야 한다.

이것은 전적으로 죽은 자 가운데서 예수님을 살리신 하나님의 능력에 대한 믿음에 근거한다는 것을 알아야 한다. 부활과 마찬가지로 우리의 영혼 안에서 하나님의 생명을 완성시키는 것도 하나님이 직접 하시는 일이다. 그리고 우리의 기다림은 죽은 자를 살리시고 없는 가운데서 있게 하시는 하나님을 믿고, 영혼의 침묵으로 그 앞에서 언제까지고 잠잠하는 것이어야 한다.

본문에서 하나님이 우리의 소망이시라는 것을 말하기 위해 하나님의 이름이 어떻게 세 번이나 사용되고 있는지 살펴보라. "나는 여호와를 우러러보며 나를 구원하시는 하나님을 바라보나니 나의 하나님이 나를 들으시리로다."

모든 구원, 모든 선하고 거룩한 것은 우리 안에서 하나님이 그분의 능력으로 직접 이루셔야 하는 것이다. 하나님의 뜻 안에서 생활하는 순간순간의 삶이 하나님의 직접적인 활동이 되게끔 해야 한다. 이러기 위해서 내가 해야 할 일은 오직 한 가지, 여호와를 우러러보며 나를 구원하시는 하나님을 기다리며 "나의 하나님이 나를 들으시리로다"라는 확신을 굳게 붙잡는 것이다.

"너희는 가만히 있어 내가 하나님 됨을 알지어다"시 46:10라고 하나님은 말씀하신다.

무덤에서의 침묵보다 더한 침묵은 없다. 예수님의 무덤에, 그분의 죽음에 동참하는 데 안식이 있다. 자신으로부터 탈피하고 우리의 영혼이 하나님 앞에서 잠잠하게 될 때, 하나님은 일어나 자신을 보여 주실 것이다. "너희는 가만히 있어 내가 하나님 됨을 알지어다."

예수께서 "고요하라 잠잠하라"고 하실 때의 잠잠함과 같은 침묵은 없다. 그리스도 안에서, 그분의 죽으심 안에서, 그분의 생명 안에서, 그분의 완성된 구원 안에서 우리 영혼은 잠잠해질 수 있으며 이때 하나님이 들어오셔서 우리를 소유하시고 자신의 일을 성취하시는 것이다.

[나의 영혼이 잠잠히 하나님만 바람이여!
　　　　　　　Waiting On God]

chapter 27

구속을 위해
하나님을 바라라

"시므온이라 하는……의롭고 경건하여 이스라엘의 위로를 기다리는 자라 성령이 그 위에 계시더라……안나라 하는 선지자가 있어……예루살렘의 구속됨을 바라는 모든 사람에게 이 아기에 대하여 말하니라" 눅 2:25, 36, 38.

이 말씀에 하나님을 기다리는 신자의 특징이 나타나 있다. 이는 자신의 모든 행동에 있어서 의롭고, 항상 하나님 앞에 헌신적이고 경건하며, 이스라엘의 위로, 즉 하나님의 약속 성취를 기다리는 자로 성령이 그 위에 계셨던 인물이다. 경건히 기다림으로 그는 축복받을 준비를 다 갖춘 셈이다.

이런 사람은 시므온뿐만이 아니었다. 안나 선지자는 예루살렘의 구속을 바라는 모든 사람들에게 얘기했다. 이것이 형식주의

와 세속주의에 둘러싸여 있으면서도 예루살렘에 남아 있는 경건한 남녀들의 한 가지 특징이었다. 이들은 하나님의 약속된 구속을 바라보며 하나님을 기다리고 있었다. 그러나 이제는 이스라엘의 위로도 이루어졌고 그 구속도 성취되었는데 아직도 기다려야 할 필요가 있는가? 그렇다.

그러나 우리의 기다림, 즉 이것을 뒤돌아보는 우리의 기다림과 이것을 앞으로 내다보던 그들의 기다림 사이에는 차이가 없는가? 특별히 두 가지 면에서 차이가 있다. 즉 우리는 구속의 완전한 능력 안에서 하나님을 기다리며 이것의 완전한 계시를 기다리고 있다.

오늘날 우리의 기다림은 구속의 완전한 능력 속에 있다. "그 날에는……너희가 내 안에, 내가 너희 안에 있는 것을 너희가 알리라"요 14:20고 그리스도께서 말씀하셨고, 사도들은 우리가 "자신을 죄에 대하여는 죽은 자요 그리스도 예수 안에서 하나님을 대하여는 산 자로"롬 6:11 하나님께 드릴 것과 "그리스도 안에서 하늘에 속한 모든 신령한 복으로"엡 1:3 복 받을 것을 가르치고 있다.

이렇게 될 때 우리 안에 계신 성령께서 일깨워 주시고 유지시켜 주심으로 말미암아 하나님을 기다리는 생활은 우리가 사랑하는 아들을 통해 받아들여질 것이다. 그리고 그분에게 머물던 사랑이 우리에게도 머물고, 우리가 하나님의 사랑과 그 앞에서, 바로 그분의 눈 앞에서 가까이 살고 있다는 것을 의식하는 생활이 될 것이다.

저 옛날 성도들은 하나님의 말씀을 기다리고 소망하는 가운데 그 말씀에 서 있었다. 그러나 이보다 더 뛰어난 축복이 하나 더 있는데, 곧 그리스도 예수와 하나가 되었다는 것이다! 하나님을 기다리는 일에 있어서 이것이 우리의 확신이 되도록 하자. 그리스도 안에서 우리는 이처럼 아버지께 가까이 나갈 수 있는 것이다. 그러므로 이 기다림이 결코 헛되지 않다는 것이 얼마나 확실해졌는지를 충분히 알 수 있다.

우리의 기다림은 다음에서도 차이가 있다. 그들은 다가올 구속을 기다렸지만 우리는 구속이 성취된 것을 보았고, 이것이 우리 안에서 계시되기를 기다리고 있는 것이다.

그리스도께서는 "내 안에 거하라"고 하셨을 뿐 아니라, "내가 너희 안에 거하겠다"고도 말씀하셨다 요 14:20. 사도들의 서신에도 보면, 우리가 그리스도 안에 거하는 것뿐 아니라, 그리스도가 우리 안에 거하는 것을 구속하신 사랑의 최고 신비로 말하고 있다.

매일매일 그리스도 안에서 우리의 자리를 지킬 때 하나님은 그리스도를 우리 안에 계시하시려고 기다리고 계신다. 이렇게 함으로써 그리스도가 우리 안에서 형성되고, 그분의 마음과 성품이 우리 안에서 열매를 맺는 것이다. 이렇게 될 때만이 참으로 "그리스도가 내 안에 거하신다."라고 말할 수 있을 것이다.

내가 저 하늘 위의 그리스도 안에 사는 것과 그리스도께서 낮은 이 땅의 내 안에 사는 것, 이 둘은 서로를 보충하는 것이다. 그리고 하나님을 기다리는 나의 생활이 내가 그리스도 안에 있다는 산 믿음으로 나타날수록 내 마음은 그리스도께서 내 안에 계시기를 더욱더 갈구하기 마련이다. 이렇게 되면 특별한 필요 사항을 구하는 기도로 시작했던 하나님을 기다리는 생활이 점점 한 가지에 집중하게 된다. 즉 "주여, 주님의 구속을 내 안에 완전히 드러내어 계시하소서, 그리스도께서 내 안에 거하소서."라고 할 것이다.

우리의 기다림은 옛 성도들과 다르다. 그러나 양자 모두 하나님을 기다리는 생활이요, 그분에게만 모든 소망을 둔다는 것에서 그 근본은 동일하다.

시므온과 안나를 통해 한 가지 배울 교훈이 있다. 그들은 그 위대한 구속, 즉 그리스도의 탄생과 죽음에 대해서 일절 아무 일도 하지 않았다. 그것은 하나님의 일이었다. 그들의 할 일은 그저 기다리는 것뿐이었다.

우리도 그리스도께서 자신을 우리 안에 계시하는 일에 있어서 전적으로 무력한가? 그럴 수밖에 없다. 하나님이, 전반적으로 위대한 구속 사업은 그리스도 안에서 행하시고, 그 세부 사항은 우리에게 처리하도록 맡겨 두신 것이 아니다. 우리의 연약함의 근원에는 이런 은밀한 생각이 들어 있다. 매순간 조금씩 신자 개개인에게, 그리고 매일의 계시를 통해 그리스도를 계시하시는 것은 그리스도의 탄생과 부활과 마찬가지로 전능하신 하나님의 일이다.

이 진리를 깨달아 습관이 되게 하고, 구속을 기다릴 때와 마찬가지로 이 구속을 누리는 일에 있어서도 하나님을 의존할 수밖에 없다는 것을 철저하게 깨닫기 전에는 하나님을 기다리는 생활이 주는 충만한 축복을 얻을 수 없을 것이다. 우리로서는 속수무책이요 하나님만이 이 모든 일을 하실 수 있고 또 그리하실 것을 확신하는 것, 이것이 옛 성도들과 마찬가지로 우리의 기다림의 특징이어야 한다.

영광스럽게도 하나님은 그들에게 신실하고 기적을 행하는 하나님으로 자신을 드러내셨듯이, 우리에게도 그리하실 것이다.

[**나의 영혼이 잠잠히 하나님만 바람이여!**
Waiting On God]

chapter 28

아들의 오심을 위해 하나님을 바라라

"너희는 마치 그 주인이 혼인 집에서 돌아와 문을 두드리면 곧 열어 주려고 기다리는 사람과 같이 되라" 눅 12:36.

"우리 주 예수 그리스도 나타나실 때까지……기약이 이르면 하나님이 그의 나타나심을 보이시리니 하나님은 복되시고 홀로 한 분이신 능하신 자이며 만왕의 왕이시며 만주의 주시요" 딤전 6:14-15.

"너희가 어떻게 우상을 버리고 하나님께로 돌아와서 사시고 참되신 하나님을 섬기며……그의 아들이 하늘로부터 강림하심을 기다린다고 말하니" 살전 1:9-10.

하늘에 계시는 하나님을 기다리는 것과 하늘로부터 그분의 아들이 오실 것을 기다리는 것을 하나님은 하나로 여기셨으므로, 사람이 함부로 나눌 수 없다. 하나님이 매일의 생활을 통해 임재하시고 능력을 보여 주실 것을 바라고 기다리는 생활만이 겸손과 참된 거룩 가운데 그리스도를 기다리는 진정한 준비인 것이다. 그리스도께서 하늘에서 오셔서 우리를 하늘로 데려가실 것을 기다리는 것만이 하나님을 기다리는 생활에 진정한 소망과 기쁨을 가져다줄 것이다.

기약이 차면 하늘로부터 그분의 아들을 계시하실 하나님은, 바로 우리가 그분을 기다림에 따라 그분의 아들을 계시할 준비를 하시는 하나님이다. 현재의 생활과 다가오는 영광은 하나님과 우리와의 관계에서 불가분의 것이다.

우리는 위험하게도 이 둘을 분리하는 경우가 있다. 현재의 신앙에 성실하기보다는 과거나 미래의 신앙에 집착하기가 더 쉽다. 과거에 하나님이 하신 일을 돌아보거나 앞으로 하실 일을 내다봄으로써 오늘의 의무와 오늘 주님께 순종하는 일을 회피하게 되는 것이다.

하나님을 기다리는 생활은, 하나님의 일의 영광스러운 성취로서 그리스도를 기다리는 생활로 이끌어 가야 한다. 그리고 그리스도를 기다리는 생활은, 우리가 그리스도를 신령과 진리로 기다린다는 유일한 증거로서 하나님을 기다리는 생활의 의무를 상기시켜 주어야만 한다. 위험한 것은 오시는 그분보다 다가올 일들에 더 집착하는 것이다. 다가올 일을 놓고 연구하다 보면 인간의 지혜와 상상력이 판을 치기 때문에 정말 겸손히 하나님을 기다리지 않으면 이 지적 연구의 즐거움과 흥미를 그리스도와 그분의 나타나심에 대한 참된 사랑으로 혼동하고 만다.

그리스도의 오심을 기다리는 자들이여, 지금 하나님을 기다리는 것을 확실히 해두라. 지금 하나님이 당신 안에 그분의 아들을 계시해 주실 것을 바라는 자들이여, 그 기다림이 하늘로부터 그분의 아들의 계시를 기다리는 자들과 같은지 확인해 보라.

저 영광스러운 나타나심에 대한 소망은 지금 하나님이 당신을 통해 하실 일을 기다리는 데에 큰 힘이 될 것이다. 그 영광을 계시해 줄 전능한 사랑이 지금도 당신을 준비시키기 위해 당신 안에서 역사하고 있는 것이다.

"복스러운 소망과 우리의 크신 하나님 구주 예수 그리스도의 영광이 나타나심" 딛 2:13은 여러 시대를 통하여 하나님의 교회를 결속시켜 주는 것 중에 하나이다.

"그날에 강림하사 그의 성도들에게서 영광을 얻으시고 모든 믿는 자에게서 기이히 여김을 얻으시리라" 살후 1:10.

그때 가서 우리는 모두 함께 만나게 되며 그리스도의 지체가 영광스럽게 하나 되는 것을 볼 것이다. 그분의 나타나심이 바로 우리의 만나는 장소가 되고 신령한 사랑의 승리가 될 것이다. 이

때 예수께서 자기에게 속한 자들을 영접하여 아버지께 드리게 된다. 예수께 속한 자들이 그분을 만나 형언할 수 없는 사랑으로 예배하고, 그에게 속한 자녀들이 서로 만나 하나님의 사랑에 감격하는 일이 벌어질 것이다. 우리 모두 이 하늘의 신랑 되신 주님의 나타나심을 바라고 고대하며 사모하도록 하자. 그분에 대한 부드러운 사랑과 서로에 대한 부드러운 사랑만이 진정하고 유일한 신부의 마음인 것이다.

내가 크게 우려하는 것은 이것을 종종 잊는다는 점이다. 네덜란드에 사는 한 형제는 믿음으로 기다리는 것이 신부의 진정한 표라고 말하지만, 나는 여기에 의심을 품지 않을 수 없었다. 왕자와 결혼하려는 못된 신부는 그가 누릴 지위와 부요만을 생각할 수 있다. 기다리는 마음은 강할지 모르지만 진정한 사랑은 전혀 없다.

우리가 신부의 자리에 서게 되는 것은 예언적인 문제에 집착하는 때가 아니라, 겸손과 사랑으로 주님과 그분의 형제들에게 가까이 가는 때이다.

예수께서는 우리가 그분의 자녀들을 사랑하지 않을 때 우리의 사랑을 배척하신다. 그분의 오심을 기다리는 것은 그분의 지체가 영광스럽게 하나 되는 것을 기다리는 것이요, 그러면서도 지금 여기서 사랑과 겸손으로 이 하나 됨을 유지하려고 힘쓴다는 의미를 갖는다. 가장 많이 사랑하는 자들은 그분의 오심을 가장 잘 준비하는 자들이다. 서로에 대한 사랑만이 그분의 신부 되는 교회의 생명과 미덕이다.

어떻게 이것이 가능할 수 있겠는가? 사랑하는 하나님의 자녀여, 만일 당신이 하늘로부터 오시는 그분의 아들을 올바로 기다리려거든 지금 곧 하늘에 계시는 하나님을 기다리는 생활을 시작하라.

예수께서 지상에 계실 때 얼마나 하나님을 기다리며 사셨던가를 기억해 보라. 그분은 스스로는 아무것도 하지 않으셨다. 고통을 통해 아들을 완성하시고 다시 높이 올리신 분은 하나님이셨다. 그분의 아들을 진정으로 기다리는 자에게 깊은 영적 삶을 허락하시는 분도 하나님뿐이시다.

그러므로 하나님을 기다려 보라. 그리스도를 기다리는 것과 앞으로 벌어질 일들을 기다리는 것 사이에는 큰 차이가 있다! 후자는 누구나 할 수 있는 일이지만, 전자는 하나님이 매일 성령을 통해 역사하셔야만 가능한 것이다.

그러므로 하나님을 바라는 자들이여, 하늘로부터 오는 성령 안에서 하늘로부터 오는 그분의 아들을 기다릴 수 있는 은혜를 바라라. 그리고 그분의 아들을 기다리는 자들이여, 하나님이 끊임없이 그리스도를 당신에게 계시해 주실 것을 바라라. 하나님을 기다리는 자들에게 주어지는 우리 안에 있는 그리스도의 계시야말로, 영광으로 드러날 그리스도의 완전한 계시를 기다리는 진정한 준비인 것이다.

[나의 영혼이 잠잠히 하나님만 바람이여!
Waiting On God]

chapter 29

아버지의 약속을 위해 하나님을 바라라

"저희에게 분부하여 가라사대 예루살렘을 떠나지 말고 내게 들은바 아버지의 약속하신 것을 기다리라" 행 1:4.

    우리는 그리스도께서 탄생하셨을 때 시므온과 안나를 중심으로 한 예루살렘 성도들에 대해 얘기하면서, 그들이 기다리던 구속이 완성되었음에도 우리는 그때 못지않게 더 절박하게 기다려야 할 필요가 있음을 보았다. 우리는 그때 그들에게 임했지만 그 의미를 거의 이해하지 못했던 구원이 우리 안에 완전히 드러나기를 기다려야 하는 것이다.

    아버지의 약속을 기다리는 경우도 마찬가지다. 어느 면에서 보면 오순절의 약속 성취 같은 것은 다시 볼 수 없을 것이다. 그러나 또 한편으로 생각하면 초대교회 제자들처럼 우리는 아버지께서 그분의 약속을 우리 속에서 성취하실 것을 날마다 기다릴 필요가 있다.

성령과 성부 하나님은 인간들처럼 서로 구분되는 인격이 아니다. 이 두 분은 서로가 없이 지내거나 별개가 될 수 없다. 성부께서는 항상 성령 안에 계시고, 성령께서는 성부께서 자신 안에서 일하시기 전에는 아무것도 할 수 없다. 매순간 우리 안에 계시는 그 동일한 성령은 하나님 안에도 계시다.

성령이 충만한 사람은 하나님이 자신의 약속을 성취하시고, 속사람 안에 계시는 성령을 통해서 더욱 힘 주시기를 바라는 마음으로 하나님을 더 없이 절실하게 기다릴 것이다. 우리는 우리 안에 계시는 성령을 마음대로 할 수 없다. 또한 성령도 성부와 성자를 떠나서 따로 행동하는 독립적인 힘이 아니다. 성령은 우리 안에서 일하시는 아버지 하나님의 살아 있는 실재요 힘인 것이다.

그러므로 성령의 내주하심에 대한 충만한 계시와 체험, 성령의 무궁무진한 축복을 바라고 하나님을 기다리는 사람은 성령이 자신 안에 계시다는 것을 안다.

이것을 사도들의 경우에서 살펴보자. 그들은 오순절에 성령이 충만하였다. 이들이 말씀을 전하지 못하게 하던 공회에서 돌아

왔을 때 성령의 이름으로 담대히 말할 수 있게 해달라고 다시 기도하였다. 곧 성령이 새로이 오신 것은 아버지의 약속에 대한 새로운 성취였기 때문이었다.

사마리아에서는 말씀과 성령으로 많은 사람들이 회개하여 믿게 되고, 온 성읍이 기쁨으로 가득 찼다. 사도들의 기도를 들으시고 하나님이 다시 한번 약속을 성취하신 것이다. "우리가 다 하나님 앞에 있나이다" 하고 고넬료의 집에서 기다리고 있던 사람들의 경우도 마찬가지다.

사도행전 13장의 경우 또한 마찬가지다. 아버지의 약속이 새로이 성취되고 성령의 인도하심이 하늘로부터 "바나바와 사울을 따로 세우라"고 하신 것은 사람들이 성령으로 충만하여 기도하고 금식하던 때였다.

마찬가지로 에베소서에 보면 성령으로 인침을 받은 자들에게 하나님이 조명照明의 영을 내려 주실 것을 바울이 기도하고 있다. 후에 그는 이들이 하나님의 영광의 부요하심에 따라 성령으로 속 사람이 강건하게 되기를 기도한다.

오순절에 임한 성령은 하나님이 하늘에서 함께 있을 수 없어서 이 지상으로 내쫓은 것이 아니다. 하나님은 이런 방법으로 주시는 법이 없다. 하나님이 뭔가를 주실 때는 그것이 은혜이건, 힘이건, 생명이건 간에 그것을 효과 있게 하기 위해 자기 자신도 내어 주신다. 어느 것 하나 그분과 분리될 수 없다. 성령도 마찬가지다. 그분은 우리 안에서 일하는 하나님이시다. 그러므로 우리가 이 무한한 능력을 바라는 가운데 취할 입장은 지금까지 주신 것을 감사하며 아버지께서 약속을 더욱더 성취해 주실 것을 끊임없이 기다리는 것이다.

이 얼마나 우리의 기다리는 생활에 새로운 의미와 약속을 부여하는 것인가! 그것은 우리에게 보좌의 발등상에서 기다렸던 제자들의 모습을 따르도록 가르친다. 이들도 능력을 받기까지는 그리스도의 대적들 앞에서 무기력하고 말씀도 전하지 못했듯이, 우리 또한 하나님과 그리스도와 직접적인 교제를 나누며 이들이 우리 속에 성령을 유지해 주실 때만이 강건한 마음으로 믿음의 생활, 사랑의 일을 해 나갈 수 있다.

이렇게 될 때 전능하신 하나님은 영화롭게 된 그리스도를 통해 우리 속에 예기치 않았던 일, 불가능했던 일을 이루실 수 있는 것이다. 오, 교회의 모든 성도들이 각각 하나님을 기다리는 생활을 터득하고 자아와 세상이 모두 사랑의 불에 녹아 단번에 영광스럽게 성취되었지만, 아직도 다함이 없는 하나님의 약속을 한 마음으로 바랄 때 교회가 못할 일이 무엇이겠는가!

우리 모두 이 무한한 가능성 앞에 머리를 조아리자. 아버지 하나님이 성령으로 교회를 충만케 하시려고 기다리는 모습이 눈에 선하지 않은가! 날마다 나를 충만케 하시려는 그 모습이!

이 신앙으로 모든 영혼은 잠잠히 거룩한 두려움 가운데 기다리도록 하자. 그리고 아버지의 약속이 날로 더욱 완전하게 성취되기를 바라는 가운데 더더욱 즐거워하는 우리의 생활이 되도록 하자.

[**나의 영혼이 잠잠히 하나님만 바람이여!**
　　　　　　Waiting On God]

chapter 30

항상
하나님을 바라라

"그런즉 너의 하나님께로 돌아와서 인애와 공의를 지키며 항상 너의 하나님을 바라볼지니라"
호 12:6.

　지속성은 생명의 기본 요소 중 하나이다. 단 한 시간이라도 이것을 중단하면 인간은 죽고 만다. 끊임없는 지속성은 건전한 그리스도인의 생활에 꼭 필요하다. 하나님과 내가 바라고 원하는 것은, 하나님이 내게 기대하시는 사람, 하나님 보시기에 만족한 사람이 되는 것이다.

　하나님을 기다리는 것이 참 신앙의 본질이라면 절대 복종하는 마음 또한 지속적으로 유지되어야 한다. "항상 너의 하나님을 바라볼지니라"는 요청을 받아들여 순종해야 한다. 특별히 기다려야 할 때도 있는데, 이때 영혼의 성품과 습관은 변하지 않고 지속적이어야 한다.

지속적으로 기다리는 생활은 참으로 필요하다. 연약한 그리스도인의 생활에 만족해 하는 사람에게는 이것이 어쩌면 필요 이상의 사치로 보일 수도 있다.

그러나 "주님, 저를 용서받은 죄인으로서 더할 나위 없이 성결하게 하소서. 할 수 있는 한 주님 가까이 있게 하소서. 주께서 원하시는 만큼 당신의 풍성한 사랑으로 나를 가득 채우소서."라고 기도하는 자는 누구나 이렇게 해야 된다고 생각할 것이다. 여호와를 계속 기다리지 않고는 하나님과의 끊임없는 교제도, 그리스도의 충만한 내주하심도, 죄에 대한 승리와 봉사할 마음의 자세도 있을 수 없다는 것을 이들은 잘 알고 있다.

지속적으로 기다리는 생활은 하나의 가능성이다. 인생에 할 일도 많은데 그것은 말도 안 되는 소리라고 생각하는 사람도 많이 있을 것이다. 이들은 언제나 이것만 생각하고 있을 수 없다. 설사 그러기를 원해도 곧 잊고 마는 것이다.

이들은 우리의 생각이 다른 많은 일로 복잡해도 마음은 이것으로 가득 차 있다는 것을 이해하지 못하고 있다. 아버지의 마음은 과중한 일로 머리가 복잡해도, 멀리 떨어져 있는 병든 아내나 자식에 대한 강한 애정으로 항상 가득 차 있는 법이다. 스스로는 아무런 선도 행할 수 없으며 하나님만이 선을 주실 것이라는 것을 깨닫고, 하나님이 불가능을 가능케 하시리라는 그분의 약속을 마음으로 받아들일 때만이 우리는 하나님 안에 거하며 바쁜 일과 유혹 가운데서도 기다리는 생활을 계속할 수 있게 된다.

이 기다리는 생활은 하나의 약속이다. 하나님의 계명은 가능케 하는 것이요, 복음의 교훈은 모두 약속이므로 하나님이 우리를 위해 무엇을 하실 것인가에 대한 계시이다. 처음 하나님을 기다리는 생활을 하다 보면 중간에 빼먹는 수도 실패하는 수도 많을 것이다. 그러나 하나님이 당신을 내려다보시며 은밀한 중에 힘을 북돋우어 주고 계시다는 사실을 잊지 말아야 한다.

기다리는 생활이 어떤 때는 시간 낭비인 것같이 보이는 때가 있으나 사실은 그렇지 않다. 기다림의 대상은 하나님이며, 하나님이 우리 안에서 일하시므로 흑암 중에라도 보이지 않는 발전이 있을 것이다. 당신을 기다리도록 하시는 그분은 당신의 미약한 수고를 지켜보시고 당신 안에서 이 일을 하신다.

당신의 영적 생활은 결코 당신 자신의 일이 아니다. 이것을 시작하는 것이 당신의 일이 아니듯이 계속하는 것도 당신의 일이 아니다. 당신 안에서 하나님을 기다리는 생활을 시작하도록 하시는 이는 성령이시다. 따라서 그분만이 이 생활을 계속할 수 있도록 도와주실 것이다.

지속적으로 기다리는 생활은 지속적으로 일하시는 하나님의 인정을 받고 보상을 받을 것이다. 우리가 명심해야 할 한 가지 교훈은 하나님이 지속적으로 일하셔야 하며, 또 그렇게 하실 것이라는 점이다. 그분은 계속 일하시는데 우리의 불신앙이 이를 방해할 뿐이다. 그러나 성령을 통해 당신을 계속 기다리게 하시는 그분은, 그분의 역사가 끊임없이 계속된다는 것을 체험하도록 하실 것이다. 하나님의 사랑, 생명, 그리고 그분의 일에는 틈이나 중단이 있을 수 없다.

기대하고 있는 것을 당신의 생각으로 제한함으로써 하나님을 제한하지 말라. 생명의 원천이신 하나님은 매순간 그분의 자녀 안에서 일하실 수밖에 없다는 점을 기억하라.

그리고 "내가 계속 기다리다 보면 하나님이 계속 일하실 것이다."라는 식으로 한쪽만 보지 말라. 아니, 그 반대로 하나님을 앞세우고 "하나님이 계속 일하시니 매순간 나는 계속 그분을 기다리겠다."는 자세를 가지라.

하나님이 한순간도 빼지 않고 당신의 삶을 채워 주시며 계속 일하고 계시다는 것을 마음에 그릴 수 있을 때까지 시간을 내어 보라. 그렇게 되면 기다림의 생활은 저절로 흥이 나게 될 것이다. 신뢰와 기쁨이 충만한 가운데 "내가 종일 주를 바라나이다"시 25:5 하는 영혼의 거룩한 습관이 생길 것이다. 이렇게 될 때 성령은 기다리는 생활을 언제나 계속할 수 있도록 도와주실 것이다.

[나의 영혼이 잠잠히 하나님만 바람이여!
　　　　　　　　Waiting On God]

chapter 31

오직
하나님만 바라라

"나의 영혼아 잠잠히 하나님만 바라라 대저 나의 소망이 저로 좇아 나는도다 오직 저만 나의 반석이시요 나의 구원이시요" 시 62:5-6.

하나님을 기다리는 생활을 계속하면서도 그분 생각만 하지 않을 수도 있다. 마음속에 찾아드는 은밀한 생각이 방해할 수도 있는 것이다. 그러므로 이 축복을 완전하고 확실하게 받으려면 이 '오직'이란 단어를 깊이 생각해 볼 필요가 있다.

"나의 영혼아, 하나님만 바라라……오직 저만 나의 반석이시요."

그렇다. "나의 영혼아, 하나님만 바라라."

하나님은 오직 한 분이요, 생명과 마음의 행복의 근원도 하나이다. "오직 저만 나의 반석이시요." "내 영혼아, 오직 하나님만 바라라." 당신은 선하고자 하는가? 하나님 한 분 외에는 선한 이가 없다. 그리고 하나님으로부터 직접 받은 것 말고는 선한 것이 있을 수 없다. 당신은 거룩하게 되고자 노력했을 것이다. 그러나 하나님 한 분 외에는 거룩한 이가 없다. 그리고 하나님이 거룩한 영을 통해 매순간 당신에게 불어넣어 주신 것 외에는 거룩할 수가 없다.

당신은 기꺼이 하나님과 그의 나라, 인간들과 그들의 구원을 위해 살고자 할 것이다. 그분의 말씀을 들어보자.

> "영원하신 하나님 여호와, 땅 끝까지 창조하신 자는 피곤치 아니하시며……피곤한 자에게는 능력을 주시며 무능한 자에게는 힘을 더하시나니……오직 여호와를 앙망하는 자는 새 힘을 얻으리니" 사 40:28-31.

그분만이 하나님이요, 그분만이 당신의 반석이시다. "나의 영혼아, 하나님만 바라라."

"나의 영혼아, 하나님만 바라라."

이 일에 있어서 당신을 도울 사람은 별로 많지 않을 것이다. 교회나 교리, 인간적인 계획과 수단, 은혜 받는 방법과 신의 계명을 믿도록 하는 사람은 많이 있을지 모른다. 그러나 "나의 영혼아, 하나님만 바라라." 그분의 가장 지고하고 성스러운 계명이라도 그 자체만을 의지하게 될 때 그것이 덫이 되고 만다. 놋뱀이 느후스단_{왕하 18:4 참조}이 되고, 방주와 성전이 헛된 신뢰의 대상이 되는 법이다. 그러므로 살아 계신 하나님, 오직 그분만이 당신의 소망이 되도록 하라.

"나의 영혼아, 하나님만 바라라."
나의 눈, 손과 발, 마음과 생각은 이 세상 여러 가지 일로 분주하겠지만 "나의 영혼아, 하나님만 바라라." 당신은 이 세상만을 위해서가 아니라, 하나님과 영원을 위해 지음 받은 구별된 영이 아닌가? 오, 내 영혼이여, 네 운명을 깨달아라. 네 특권을 분명히 알고 하나님만 바라라. 종교적인 사고와 관행에 속지 말라. 이것들이 하나님을 기다리는 생활을 대신할까 걱정이다. "나의 영혼아, 온갖 정성을 다해 하나님만 바라라." 하나님은 널 위해, 너는 하나님을 위해 있으니, 하나님만 바라라.

그렇다. "나의 영혼아, 하나님만 바라라."
가장 큰 두 가지 대적인 세상과 자신을 경계하라. 세상적인 어떤 만족과 향락이 아무리 죄가 없어 보일지라도 그것에 빠지지 않도록 조심하며 "그런즉 내가……나의 극락의 하나님께 이르리이다"시 43:4는 말씀을 붙잡으라. 예수께서 "자기를 부인하라"고 하신 말씀의 의미를 잘 새겨들어야 하겠다. 테르슈테겐Gerhard Tersteegen은 "성도들은 모든 일에 자신을 부인한다."고 말한 적이 있다. 사소한 일에 자신을 기쁘게 하다 보면 큰일에 자신을 내세우기 마련이다.

"나의 영혼아, 하나님만 바라라."

그분만이 당신의 모든 구원과 소망이 되도록 하라. 순전한 마음으로 계속 "대저 나의 소망이 저로 좇아 나는도다 오직 저만 나의 반석이시요……내가 요동치 아니하리로다"시 62:5-6라고 얘기할 수 있도록 하라.

영적 필요나 현세의 필요가 무엇이든, 내 마음의 기도와 바람이 무엇이든, 교회나 세상에서 일어나는 하나님의 일에 대해 어떠한 관심을 갖든, 혼자든 세상의 소용돌이 속에서든, 공중 예배에서든 그 밖에 다른 신자들의 모임에서든, "나의 영혼아, 하나님만 바라라." 당신의 소망이 오직 그분으로부터만 오게 하라. "오직 저만 나의 반석이시요."

"나의 영혼아, 하나님만 바라라."

이 복된 기다림의 뿌리인 두 가지 근본 진리를 잊지 말라. 혹 이 '기다림'이 너무 어렵거나 높다고 생각될 때마다 이 진리를 마음에 되새기라. 당신의 전적인 무력함과 하나님의 절대적인 충족성을 말이다.

자신이 늘 죄인임을 통감하고, 한순간이라도 자신이 뭘 해보 겠다는 생각은 아예 하지 말라. 자신의 무능력을 철저하게 통감하고, 영적으로 무슨 선한 일을 하겠다거나 자신의 악함을 어떻게 변화시켜 보겠다는 생각도 아예 하지 말라.

순간순간 하나님이 주시는 것을 받으려면 하나님께 매달리는 피조물의 입장을 고수하라. 당신이 잃어버린 것, 즉 하나님의 임재와 능력을 다시 영광스럽게 되찾아 그분의 아들과 성령을 통해 당신 속에 끊임없이 넣어 주겠다고 하시는 약속을 믿고 깊이 생각해 보라. 오직 하나님만 끊임없이 바라라.

"나의 영혼아, 하나님만 바라라."

하나님과 그리스도의 이 신비한 영광의 부요함을 무슨 말로 표현할 수 있으며, 어느 누가 가히 짐작할 수 있겠는가. 우리 하나님은 지금도 무한히 부드럽고 전능한 사랑 가운데 우리의 생명과 기쁨이 되시고자 기다리신다.

오, 내 영혼아, "하나님을 바라라"는 말을 되풀이할 필요가 또 있겠는가. "참으로 내 영혼이 하나님을 바람이여, 내가 종일 주를 바라나이다!" 하는 노래가 내 마음에서 절로 나오도록 하라.

[나의 영혼이 잠잠히 하나님만 바람이여!
　　　　　　　Waiting On God]

생명의말씀사

사 | 명 | 선 | 언 | 문

> 너희가 흠이 없고 순전하여……세상에서 그들 가운데 빛들로
> 나타내며 생명의 말씀을 밝혀 (빌 2:15-16)

1. 생명을 담겠습니다.
만드는 책에 주님 주신 생명을 담겠습니다.
그 책으로 복음을 선포하겠습니다.

2. 말씀을 밝히겠습니다.
생명의 근본은 말씀입니다.
말씀을 밝혀 성도와 교회의 성장을 돕겠습니다.

3. 빛이 되겠습니다.
시대와 영혼의 어두움을 밝혀 주님 앞으로 이끄는
빛이 되는 책을 만들겠습니다.

4. 순전히 행하겠습니다.
책을 만들고 전하는 일과 경영하는 일에 부끄러움이 없는
정직함으로 행하겠습니다.

5. 끝까지 전파하겠습니다.
모든 사람에게, 땅 끝까지, 주님 오시는 그날까지
복음을 전하는 사명을 다하겠습니다.

생명의말씀사 서점안내

광화문점 110-061 종로구 신문로 1가 58-1 구세군 회관 2층
　　　　　TEL. (02) 737-2288 / FAX. (02) 737-4623

강 남 점 137-909 서초구 잠원동 75-19 반포쇼핑타운 3동 2층 전관
　　　　　TEL. (02) 595-1211 / FAX. (02) 595-3549

구 로 점 152-880 구로구 구로 3동 1123-1 3층
　　　　　TEL. (02) 858-8744 / FAX. (02) 838-0653

노 원 점 139-200 노원구 상계동 749-4 삼봉빌딩 지하1층
　　　　　TEL. (02) 938-7979 / FAX. (02) 3391-6169

분 당 점 463-824 경기도 성남시 분당구 서현동 269-5 서원프라자 서현문고 서관 4층
　　　　　TEL. (031) 707-5566 / FAX. (031) 707-4999

신 촌 점 121-806 마포구 노고산동 107-1 동인빌딩 8층
　　　　　TEL. (02) 702-1411 / FAX. (02) 702-1131

일 산 점 411-370 경기도 고양시 일산구 주엽동 83번지 레이크타운 지하 1층
　　　　　TEL. (031) 916-8787 / FAX. (031) 916-8788

의정부점 484-010 경기도 의정부시 금오동 470-4 성산타워 3층
　　　　　TEL. (031) 845-0600 / FAX. (031) 852-6930

파 주 점 413-012 경기도 파주시 금촌 2동 68번지 송운빌딩 2층
　　　　　TEL. (031) 943-6465 / FAX. (031) 949-6690

인터넷서점

http://www.lifebook.co.kr